AF871558

novum premium

ALFRED RINK

Was ist Psychoanalyse

Eine Einführung

novum premium

Bibliografische Information
der Deutschen Nationalbibliothek:

Die Deutsche Nationalbibliothek
verzeichnet diese Publikation in
der Deutschen Nationalbibliografie.
Detaillierte bibliografische Daten
sind im Internet über
http://www.d-nb.de abrufbar.

Alle Rechte der Verbreitung,
auch durch Film, Funk und Fernsehen,
fotomechanische Wiedergabe,
Tonträger, elektronische Datenträger
und auszugsweisen Nachdruck,
sind vorbehalten.

Gedruckt in der Europäischen Union
auf umweltfreundlichem, chlor- und
säurefrei gebleichtem Papier.

© 2022 novum Verlag

ISBN 978-3-99130-172-1
Lektorat: Dr. Annette Debold
Umschlagfoto:
Pop Nukoonrat | Dreamstime.com
Umschlaggestaltung, Layout & Satz:
novum Verlag
Innenabbildungen: Alfred Rink

Die vom Autor zur Verfügung gestellten Abbildungen wurden in der bestmöglichen Qualität gedruckt.

www.novumverlag.com

Climate neutral
Print product
ClimatePartner.com/16547-2201-1002

Für
Lisa-Marie,
Sarah-Sophie,
Eva-Lotta,
Max und
Nele

INHALTSVERZEICHNIS

DANKSAGUNG

Dieses Buch ist das Ergebnis eines unabgeschlossenen Lernprozesses. Viele Menschen haben mich dabei unterstützt und begleitet. Mein Dank gebührt insbesondere meinen psychoanalytischen Lehrer*innen und Kolleg*innen. Meiner Ehefrau Christiane danke ich für ihre Geduld und Offenheit, und schließlich gilt mein Dank allen Patient*innen, dass ich so viel von ihnen lernen durfte.

VORWORT

Seit ihrer Entdeckung gehört die Psychoanalyse zu den prägenden geistigen Einflüssen des 20. Jahrhunderts. Sie hat die Geistes- und Sozialwissenschaften nachhaltig beeinflusst. Viele ihrer Konzepte und Begriffe sind, wenngleich häufig leider allzu verwässert oder verzerrt, in den allgemeinen Sprachschatz aufgenommen worden.

Und recht häufig war und ist die Psychoanalyse Gegenstand kontroverser gesellschaftlicher sowie wissenschaftlicher Auseinandersetzungen, was sicherlich auch mit den unangenehmen Wahrheiten oder Hypothesen zu tun hat, mit denen die Psychoanalyse die Menschen konfrontiert.

Es gibt daher neben den vielen wissenschaftlichen, also für ein Fachpublikum veröffentlichten Artikeln und Büchern auch eine umfangreiche Bibliothek an sogenannter populärwissenschaftlicher Literatur, die sich eher an den interessierten Laien wendet. Darunter fallen eine ganze Reihe von Beiträgen, die sich mehr oder weniger kritisch mit Sigmund Freud befassen. In vielen Fällen besteht dann die eigentliche Absicht darin, über die „kritische Würdigung" der Person des Gründers, die Psychoanalyse selbst zu treffen.

Auch das hier vorliegende Buch wurde in erster Linie für den interessierten Laien geschrieben. Denn obwohl sich seit Sigmund Freuds Entdeckungen die Psychoanalyse so wie jede andere Wissenschaft natürlich weiterentwickelt hat, wird in der Wahrnehmung der Öffentlichkeit die Psychoanalyse allerdings noch im Regelfall mit den Erkenntnissen Sigmund Freuds gleichgesetzt. Insbesondere die Arbeiten Melanie Kleins, vielleicht der bedeutendsten Psychoanalytikerin nach Freud, sind eher unbekannt geblieben.

In dieser Einführung in die Psychoanalyse wird sich daher auf die Darstellung dieser Linie von Freud zu Freuds Nachfolgern (Brenner 1981; Sandler 1987; Sandler und Sandler 1999) und unter Berücksichtigung der Erkenntnisse Melanie Kleins (Caper 2000; Frank und Weiß 2002; Segal 1994) beschränkt. Dies entspricht auch im Prinzip der Hauptlinie der Psychoanalyse, wobei nicht unerwähnt bleiben soll, dass sich die Psychoanalyse an ihrer wissenschaftlichen Front, wie z. B. auch die theoretische Physik, in eine Reihe von teilweise doch recht unterschiedlichen Richtungen differenziert hat.

Genderhinweis

Aus Gründen der besseren Lesbarkeit wird in diesem Buch auf eine geschlechtsneutrale Differenzierung verzichtet. Entsprechende Formulierungen oder Darstellungen gelten im Sinne der Gleichbehandlung grundsätzlich für alle Geschlechter. Die verkürzte Sprachform beinhaltet keine Wertung.

1 EINLEITUNG

Die Psychoanalyse ist eine wissenschaftliche Disziplin, die Ende des 19. Jahrhunderts von dem Wiener Nervenarzt Sigmund Freud begründet wurde und auch heute noch unlösbar mit seinem Namen verbunden ist.

Freud sah in der Psychoanalyse erstens ein Verfahren zur Untersuchung seelischer Vorgänge, welche sonst kaum zugänglich sind, zweitens eine Behandlungsmethode psychischer Erkrankungen und drittens eine Reihe von Theorien hinsichtlich Struktur, Entwicklung und Funktionsweise der menschlichen Psyche (Freud 1940).

Im Zentrum der psychoanalytischen Theorien steht dabei die Vorstellung des unbewusst psychischen Funktionierens der normalen als auch der weniger normalen psychischen Prozesse, sodass man vereinfacht unter Psychoanalyse auch die Wissenschaft vom Unbewussten verstehen kann.

Die Psychoanalyse ist damit keine philosophische Schule, sondern vielmehr ein empirischer Zugang zur Seele mit einer eigenen spezifischen klinischen Methode.

Sie verfügt über eine eigene Untersuchungsmethode, eine differenzierte Persönlichkeits- und Entwicklungspsychologie, eine daraus abgeleitete Krankheitslehre und eine umfassende Behandlungsmethode.

Das Ziel einer psychoanalytischen Untersuchung ist also das Verstehen der vor allem unbewussten Bedeutung von Handlungen, Gedanken, Fantasien, Gefühlen, Träumen, Fehlleistungen, Wahnvorstellungen oder künstlerischen wie auch wissenschaftlichen Leistungen.

In diesem Sinn repräsentiert die Psychoanalyse eine spezifische Form der unaufhörlichen Wahrheitssuche, wie Freud es einmal ausdrückte, und folglich besitzt sie ein ruhestörendes, unbequemes und sogar angstmachendes Element, wenn sie die Menschen mit ihren individuellen und kollektiven Selbsttäuschungen, Illusionen, Wahrnehmungsstörungen, Tiefen und Untiefen konfrontiert.

2 DAS UNBEWUSSTE

Wie schon in der Einleitung ausgeführt, finden alle psychischen Vorgänge, dazu gehören Gefühle, Vorstellungen, Gedanken, Wünsche, Erinnerungen, Wahrnehmungen, Träume und Fantasien, nicht nur auf einer bewussten, sondern auch und sogar überwiegend auf einer unbewussten Ebene statt.

Eine dazu häufig verwendete Illustration ist der Vergleich mit einem Eisberg, der nur zu etwa 15 % sichtbar und zu etwa 85 % unterhalb der Wasseroberfläche, in der Tiefe des Ozeans, nicht sichtbar für die Seefahrer, dahintreibt.

Aber auch wenn die Existenz unbewusster psychischer Vorgänge heutzutage nicht mehr bestritten wird und die Begriffe *„Das Unbewusste"* bzw. *„unbewusst"* ihren festen Platz in der Umgangssprache eingenommen haben, so zeigt ihre alltägliche Verwendung, dass die populäre und umgangssprachliche Vorstellung des Unbewussten doch ziemlich weit von dem entfernt ist, was die Psychoanalyse darunter versteht.

Für die Psychoanalyse bedeutet unbewusst, dass Gefühle (z. B. Liebe, Angst, Hass, Neid usw.) unbewusst erlebt werden können, ohne dass das Individuum auf der bewussten Ebene davon etwas weiß, dass Wünsche, Gedanken und Fantasien in seinem Unbewussten existieren, die dem Bewusstsein völlig unbekannt sind und deren Bewusstwerdung in der Regel sogar unbewusst verhindert wird.

Dies bedeutet, dass eigentlich nur ein Teil des Inhalts des menschlichen Unbewussten direkt bzw. bewusst erfasst werden kann, z. B. mithilfe der Psychoanalyse, und dass der weitaus größere Teil dieses Inhalts eigentlich nur erschlossen – wiederum z. B. mithilfe der Psychoanalyse – werden kann, und auch da gibt es Grenzen.

Aber selbst wenn das Unbewusste in diesem Sinn gegenüber dem bewussten Erleben verschlossen ist, so zeigt es gleichwohl Wirkung. Damit ist gemeint, dass wie in der uns umgebenden physischen Umwelt auch in der Psyche nichts zufällig oder aufs Geratewohl geschieht, sondern dass jedes menschliche Handeln, Denken und Fühlen durch den gerade aktuellen bewussten – aber auch und manchmal überwiegend unbewussten – psychischen Zustand des Menschen bestimmt wird, wobei der aktuelle Zustand natürlich immer auch von vergangenen Zuständen, Strukturen und Erfahrungen beeinflusst ist. Und wenn Geschehnisse im psychischen Leben gleichwohl zufällig und mit nichts Anderem verknüpft zu sein scheinen, so scheint das eben nur so.

Und wer hat nicht schon die Macht des Unbewussten erfahren, in Form von unerklärlicher Angst, Niedergeschlagenheit und Selbstzweifeln, in der Unfähigkeit, sich zu entscheiden, im Rahmen irrationaler Schuldgefühle, in psychischen Symptomen und Fehlhandlungen (Vergessen, Versprechen usw.).

Eine weitere wesentliche Erkenntnis der Psychoanalyse ist, dass unbewusste Wünsche und Fantasien sich in einem Konflikt befinden können, dass z. B. ein und dieselbe Person nicht nur geliebt, sondern auch gehasst werden kann, und während die Liebe bewusst ist, bleibt der Hass unbewusst oder auch umgekehrt. Konflikte dieser Art, also z. B. zwischen Liebe und Hass, können von großer Tragweite sein und u. a. auch zu psychischen Erkrankungen führen. Und dass die menschliche Psyche sich mit ihren komplexen und komplizierten unbewussten und bewussten Wünschen und Empfindungen im Konflikt befindet, ist eher die Regel als die Ausnahme, d. h. nach Auffassung der Psychoanalyse impliziert menschliches Leben eine Kette von zu lösenden Konflikten.

3 DIE TRIEBE

Triebe stellen Verallgemeinerungen oder theoretische Konstruktionen dar, die sich aus der Erforschung der menschlichen Wünsche ergeben.

Triebe entstammen dem Unbewussten und sind mit Beginn des Lebens wirksam. Inwieweit Triebe eine biologische Grundlage haben bzw. wie umfassend diese biologische Grundlage ist, wird zurzeit noch kontrovers diskutiert. Freud selbst hat seine Triebtheorie im Laufe seiner beruflichen Tätigkeit mehrfach überarbeitet. Ist ein Trieb wirksam, so ist die (motorische) Reaktion, die zur Befriedigung des Triebs führen würde, nicht fest vorgegeben. Dies unterscheidet den Trieb u. a. vom Instinkt, der angeborenen Notwendigkeit, auf eine Gruppe von Reizen in stereotyper oder gleichbleibender Weise zu reagieren. Ein Trieb kann durch innere und/oder auch äußere Reize aktiviert werden. Die Aktivierung eines Triebes führt zu einer unlustvollen Empfindung, während die Befriedigung des Triebes mit einer lustvollen Empfindung verbunden ist.

Insbesondere die Tatsache, dass die Befriedigung eines Triebes mit einer lustvollen Empfindung verbunden ist, führt zu einer Art Verstärkung des Triebes, was sich in Form drängender Wünsche nach Wiederholung dieses Befriedigungserlebnisses äußert. Dabei spielen die konkrete Situation bzw. der konkrete Umstand als Erfahrungselement eine große Rolle. Denn aus diesen konkreten Befriedigungserfahrungen resultieren die konkreten Wünsche, die nun die zugrunde liegenden Triebe im Unbewussten repräsentieren.

Die psychoanalytische Erfahrung hat gezeigt, dass diese triebhaften Wünsche in 2 Kategorien aufgeteilt werden können.

Die eine Kategorie ist die Kategorie der erotischen Wünsche. Den entsprechenden Trieb, aus dem diese Wünsche entspringen, nannte Freud **Lebenstrieb** bzw. die damit verbundene psychische Kraft **Libido**. Die erotischen Wünsche hängen sehr stark mit den sogenannten erogenen Zonen zusammen und können durch diese auch aktiviert werden. Zu den erogenen Zonen gehören natürlich die Genitalien, Anus, Mund und auch die Haut, aber eben auch die Sinne wie Augen, Ohren und die Riechorgane. Dass Berührungen, Sehen und Riechen sexuell stimulierend sein können, ist allgemein bekannt. Für die Psychoanalyse umfasst der Begriff *„sexuell"* im Grunde dieselben Erlebnisse, die umgangssprachlich als sinnlich bezeichnet werden, d. h. die Psychoanalyse versteht unter Sexualität oder Erotik etwas viel Umfassenderes, als dies üblicherweise der Fall ist. Dazu aber später mehr.

Die andere Kategorie umfasst die aggressiven Wünsche, also Wünsche nach Zerstörung und Vernichtung. Da diese Wünsche sich auch gegen das eigene Selbst richten können, nannte Freud den zugrunde liegenden Trieb **Todestrieb**.

Während aber Sigmund Freud versuchte, auch den Todestrieb biologisch zu begründen, verzichtete Melanie Klein darauf, da sie der Auffassung war, dass der Konflikt zwischen dem Lebenstrieb und Todestrieb in rein psychologischen Begriffen formuliert werden kann. Für sie wurzelt der Todestrieb von Beginn an in dem Drang, alle Bedürfnisse (nach Wärme, Gehaltensein, Sättigung) bzw. die Wahrnehmung dieser Bedürfnisse zu tilgen bzw. zu vernichten. Oder, da jeglicher Schmerz im Bedürfnis zu leben wurzelt, das Leben selbst zu vernichten.

Dabei darf allerdings nicht vergessen werden, dass der Todestrieb nicht nur nach innen, sondern in abgelenkter Form als Aggressionstrieb auch nach außen wirkt. Und derjenige Teil des Todestriebs, der nach außen gerichtet ist, kann wiederum zwei unterschiedlichen Absichten dienen. Einmal, wie schon erwähnt, dient dieser der Zerstörung und Vernichtung, aber eben auch der Verteidigung und letztlich damit der Lebenserhaltung, insbesondere bei Mischung mit dem Lebenstrieb.

Lebenstrieb und Todestrieb können sich also mischen oder auch wieder entmischen. So stellt z. B. der Akt des Essens für Freud eine solche Mischung dar, denn das, was vielleicht lustvoll gegessen werden soll, muss dazu zerstört werden. Dieses Mit- und Gegeneinanderwirken der beiden Grundtriebe ergab für Freud die ganze Buntheit der Lebenserscheinungen, wobei mit Gegeneinanderwirken gemeint ist, dass sich die Grundtriebe im Konflikt miteinander befinden. Vereinfacht formuliert sind übrigens Hass und Liebe die beiden zentralen Abkömmlinge dieser Grundtriebe, die sehr wohl auch völlig unbewusst bleiben können.

Aber auch wenn die Triebe bzw. die daraus resultierenden konkreten Wünsche für die menschliche Psyche zentrale Motivatoren darstellen, sollte schon jetzt darauf hingewiesen werden, dass diese nicht die alleinigen Motivatoren sind (siehe Kap. 5.2).

4 DIE ENTWICKLUNG DER INNEREN WELT

4.1 Unbewusste Fantasien

Von Geburt an lebt der Mensch in zwei Welten, einer äußeren, realen Welt und einer inneren Welt, einer Fantasiewelt, die aber überwiegend, insbesondere zu Anfang, zutiefst unbewusst ist.

Während die äußere Welt quasi vorgefunden wird, entwickelt sich die innere Welt als Niederschlag der unbewussten Fantasien, die die inneren und äußeren Reize, denen der Säugling von Beginn an ausgesetzt ist, begleiten.

Zu den inneren Reizen gehören natürlich auch die Triebe. Der psychische Ausdruck der Triebe sind die unbewussten Fantasien, also mit Empfindungen aufgeladene Vorstellungen. Beispielsweise kann die schmerzliche Empfindung des Hungers mit der Vorstellung (Fantasie) beantwortet werden, dass es jemanden gibt, der diesen Hunger beseitigt.

Oder der Säugling, der zufrieden Nuckelgeräusche von sich gibt oder an den Fingern lutscht, drückt damit vielleicht die unbewusste Fantasie aus, tatsächlich gestillt zu werden und das ihn stillende Objekt zu besitzen. Da Triebe von Geburt an wirksam sind, dürfen auch von Geburt an unbewusste Fantasien vermutet werden, wobei diese frühen Fantasien eher als somatische denn als psychische Empfindungen erlebt werden.

Aber nicht nur die Triebe lösen unbewusste Fantasien aus, sondern auch alle anderen inneren Erfahrungen und Empfindungen (Gefühle), z. B. Angst und natürlich auch die Erfahrungen, die sich aus den Beziehungen zu den Eltern, Geschwistern usw. (Umwelt) ergeben.

Ja selbst Fantasien können wiederum Fantasien auslösen, z. B. im Dienste der Abwehr von Zumutungen der inneren oder äußeren Realität. Während die frühen Fantasien sensorisch noch wenig strukturiert sind und sich eher diffus zeigen, kommt es im Laufe der Entwicklung zu immer komplexeren und differenzierten Fantasiebildungen, die schließlich auch sprachlich ausdrückbar sind und beispielsweise über künstlerische Leistungen auch in das Bewusstsein dringen können, wobei diese späteren Fantasien die früheren nicht ersetzen, sondern nur überlagern und zum Beispiel im Rahmen intensiver Angsterfahrungen jederzeit wieder aktiviert werden können.

Bezogen auf das zuvor vorgestellte Konzept des Unbewussten könnte man sagen, dass der gesamte psychische Inhalt des Unbewussten aus unbewussten Fantasien besteht. Es gibt keinen Impuls, kein triebhaftes Bedürfnis, das nicht als unbewusste Fantasie erlebt wird, d. h., der Gehalt aller augenblicklich vorherrschenden Bedürfnisse oder Gefühle (Wünsche, Befürchtungen, Ängste, Siegesgefühle, Liebesregungen usw.) wird über unbewusste Fantasien ausgedrückt.

Unbewusste Fantasien befinden sich in einer ständigen Wechselwirkung mit der Umwelt (Realität). Das heißt, während die gerade vorherrschenden unbewussten Fantasien, also der gerade akute Zustand der inneren Welt, die Wahrnehmung der äußeren Welt mehr oder weniger stark unbewusst beeinflusst – ein verliebter Mensch nimmt die Welt anders wahr als ein Mensch, der trauert –, so beeinflusst natürlich auch die reale Erfahrung die unbewusste Fantasie. Ein Kind, das vielleicht aufgrund seines inneren Zustands sehr wütend, womöglich voller Hass ist, dessen unbewusste Fantasie wird durch eine verständnisvolle Umwelt anders modifiziert als durch eine Umwelt, die selbst voller Hass ist.

Und insbesondere im Säuglings- und Kleinkindalter besitzt die Umwelt eine außerordentlich nachhaltige Wirkung. Daraus folgt aber nicht, dass es ohne eine schlechte Umwelt keine aggressiven und verfolgenden Ängste und Fantasien gäbe.

Unbewusste Fantasien, und dies gilt besonders für die unbewussten Fantasien des Säuglings- und Kleinkindalters, werden häufig nicht nur als real, sondern auch als allmächtig erlebt. So können z. B. feindselige Wünsche gegenüber einem Bruder oder einer Schwester, sollte diesem Bruder oder der Schwester tatsächlich etwas zustoßen, psychisch so erlebt werden, als hätten die feindlichen Wünsche dieses Unglück bewirkt, was dann entsprechend zu intensivsten Schuldgefühlen führen kann.

Daraus ergibt sich auch die lebenslange Aufgabe, zwischen Fantasie und Realität unterscheiden zu lernen. Letztlich auch eines der Ziele jeder psychoanalytischen Therapie. Im besten Sinne stellen dann unbewusste Fantasien Hypothesen dar, die mithilfe der Realität getestet werden können.

Schließlich bleibt noch nachzutragen, dass unbewusste Fantasien nahezu immer in Form einer Beziehung zu einem Objekt (einem bedeutsamen Anderen) gebildet werden, d. h. das Erleben von Angst z. B. wird immer als Bedrohung durch ein Objekt fantasiert, in welch mehr oder weniger rudimentären Form auch immer. Eine Fantasie, die einen sexuellen Wunsch repräsentiert, wird nicht nur die Art des Begehrens gegenüber einem Objekt, sondern ebenso auch die erwünschte Reaktion des Objekts enthalten.

4.2 Spaltung, Introjektion, Projektion

Unter den mannigfaltigen unbewussten Fantasien, die im Laufe der Entwicklung der inneren Welt des Individuums gebildet werden, sind 3 Typen hervorzuheben, die vor allem zu Beginn des Lebens eine große Rolle spielen. Zuvor macht es aber Sinn, die Unterscheidung zwischen einem Mechanismus und einer Fantasie einzuführen.

Mechanismen stellen Abstraktionen konkreter Fantasien dar und gehören als solche nicht zum erlebnishaften Bereich. Mechanismen dienen in der Regel der Abwehr von Störungen des psychischen Gleichgewichts und werden daher üblicherweise als Abwehrmechanismen bezeichnet. Einer der umgangssprachlich populärsten psychischen Abwehrmechanismen ist die sogenannte Verdrängung.

Fantasien wiederum repräsentieren gegenüber den abstrakten Mechanismen die konkrete Gestalt, stellen also den konkreten Inhalt dar und gehören damit zum erfahrbaren psychischen Bereich. So könnte der unbewusste Abwehrmechanismus der Verdrängung beispielsweise durch die unbewusste Fantasie eines Staudamms konkretisiert werden.

Wenn also weiter oben von Fantasietypen gesprochen wurde, so sind damit eigentlich entsprechende Abstraktionen, also Mechanismen gemeint, und die 3 Mechanismen, die vor allem in der ersten Phase des Lebens eine große Rolle spielen, sind die Spaltung, Introjektion und Projektion.

Spaltung bedeutet, dass im psychischen Erleben Dinge, die eigentlich zusammengehören, getrennt bzw. auseinandergerissen werden. Spaltungen bewirken zum Beispiel, dass Personen des Umfelds, die über gute und auch weniger gute Seiten verfügen, temporär oder auch dauerhaft in nur gute oder nur böse Personen gespalten werden. Spaltungen betreffen aber nicht nur die Umwelt, auch die eigene Persönlichkeit kann unbewusst in einen nur guten Teil und einen entsprechenden bösen Teil gespalten werden.

Für den Säugling und auch das Kleinkind stellen Spaltungen aber notwendige Hilfen dar, denn sie geben der frühen, konflikthaften inneren Welt eine erste Struktur, in der die „guten“ Erfahrungen vor den „bösen“ Erfahrungen geschützt werden. Kinder zeigen diese Tendenz oft in ihrem Spiel, wo die Welt in Räuber und Gendarm, Cowboys und Indianer gespalten ist.

Erwachsene wiederum sollten idealerweise weniger darauf angewiesen sein. Gleichwohl greifen auch Erwachsene immer wieder im Rahmen innerer oder äußere Krisen auf diesen Abwehrmechanismus zurück. Pathologische Spaltungen stellen andererseits ein grundlegendes Charakteristikum jeglicher Form von Terrorismus oder Fanatismus dar.

So weit wie religiöse Radikalismen und politische Heilslehren inhaltlich auch auseinanderliegen, immer findet sich die Aufspaltung der Welt in Gut und Böse und in letzter Konsequenz die Fantasie, durch die Vernichtung der entsprechenden religiösen, politischen oder nationalen Menschengruppe, auf die das Böse bzw. Minderwertige projiziert wird, lasse sich mit einem Schlag wieder eine gerechte, ideale und reine Welt herstellen.

Überall, wo Menschen zutiefst von Angst oder Hass überflutet werden, spalten sie die Welt in Gut und Böse. Alles Gute wird im Binnenraum der eigenen Gemeinschaft beschworen, alles Widersprüchliche und Bedrohliche wird hasserfüllt auf das Fremde projiziert.

Und damit sind wir bei der sogenannten Projektion. Bei der **Projektion** handelt es sich um einen Mechanismus, dem die Fantasie zugrunde liegt, dass etwas psychisch oder auch körperlich ausgestoßen und in die Umwelt bzw. eine Person der Umwelt hineingebracht wird. Dabei kann zwischen verschiedenen Ebenen und Zielen unterschieden werden. Auf einer höheren oder auch reiferen Ebene geht es mehr darum, eine unerwünschte, als quälend empfundene Eigenschaft loszuwerden, z. B. Neid, nach dem Motto: *„Nicht ich bin neidisch, er oder sie ist es.“*

Auf einer tieferen oder auch ursprünglicheren Ebene werden weniger Eigenschaften, sondern Teile der Persönlichkeit projiziert, mit den unterschiedlichsten Absichten. Diese Art der Projektion wird in der Regel als **projektive Identifizierung** bezeichnet, da es dabei nicht nur darum geht, einen unerwünschten Persönlichkeitsanteil loszuwerden, in jemanden hineinzuprojizieren, sondern auf subtile Weise dafür zu sorgen, dass sich dieser Jemand mit dem Projizierten auch identifiziert. Die projektive Identifizierung hat mannigfache Ziele. Sie kann dazu dienen, böse Anteile loszuwerden, aber auch das Objekt, dem die Projektion gilt, in der Fantasie auf diese Weise zu kontrollieren, anzugreifen oder auch zu zerstören.

Fantasierte gute Persönlichkeitsanteile wiederum können projiziert werden, um sie auf diese Weise vor inneren Gefahren zu schützen oder um das schmerzliche Gefühl von Getrenntsein zu vermeiden, d. h., das gute Objekt ist verschmolzen mit dem Subjekt, ist Teil des Subjekts, und es gibt daher keine Abhängigkeit mehr.

Die **Introjektion** wiederum ist ein Mechanismus, dem die Fantasien zugrunde liegen, dass etwas in die innere Welt oder sehr konkret in den eigenen Körper hineingenommen wird und dort evtl. ein Eigenleben führt.

Introjektionsfantasien haben ebenfalls unterschiedliche Ziele. So kann einmal fantasiert werden, dass gute Aspekte der Außenwelt ein Teil der inneren Welt werden, um diese dann zu besitzen, mit ihnen zu verschmelzen oder auch um diese vor fantasierten Bedrohungen zu schützen. Ebenso, wenn auch vielleicht seltener, dient die Introjektion der Absicht, äußere Gefahren in die innere Welt hineinzunehmen, um diese dann auf solche Weise kontrollieren zu können.

Die Ausbildung bzw. Entwicklung insbesondere der psychischen Funktionen Introjektion und Projektion geschieht in Anlehnung an die ersten Körperfunktionen, d. h., in Anlehnung an das Auf- und Hineinnehmen über Mund, Augen und Nase entwickelt sich die Introjektion, während sich die Projektion in Anlehnung an das Ausscheiden über Mund und insbesondere auch Anus bildet.

4.3 Paranoid-schizoide Position

Auch wenn zurzeit angenommen wird, dass die Differenzierung des menschlichen Organismus in eine körperliche und psychische Funktionsweise schon vor der Geburt stattfindet und damit der Säugling von Geburt an über eine rudimentäre psychische Organisation namens **Ich** verfügt, so wird gleichwohl noch darüber gestritten, inwieweit der Säugling nach seiner Geburt zwischen sich und seiner Mutter (Umwelt) unterscheiden kann. Wahrscheinlich trifft beides zu, d. h., in Zuständen von Geborgensein und Sattsein wird der Säugling eher die Mutter als ungetrennt, als Teil von sich selbst erleben, während in Situationen von Schmerz und Verzweiflung der Säugling sich eher als von ihr getrennt erleben wird.

In diesem Zusammenhang spielen natürlich die von Beginn an wirksamen Triebe, also der Lebenstrieb und der Todestrieb eine bedeutsame Rolle.

Denn ebenso wie der Säugling einer einerseits angstmachenden Umwelt (Schmerz, Kälte, Hunger) als auch andererseits einer lebensspendenden Umwelt, wie der Liebe und Wärme, dem Versorgtwerden durch die Eltern, ausgesetzt ist, ist er auch mit dem angeborenen Konflikt von Lebens- und Todestrieb konfrontiert, wobei der Todestrieb in Form von unbewussten Fantasien, von verfolgenden, bedrohlichen Objekten erlebt wird.

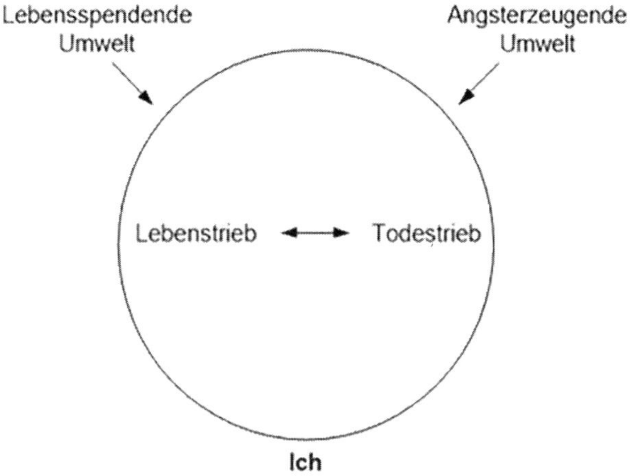

Dies führt dazu, dass insbesondere in den ersten Monaten der Säugling starken Stimmungsschwankungen ausgesetzt ist. Augenblicke des Gesättigtseins und Wohlbehagens, auf die der Säugling mit freudigem Glucksen und anderen Anzeichen von Zufriedenheit reagiert, werden von Fantasien begleitet, mit einem nur guten wunscherfüllenden Objekt (Mutter) verschmolzen zu sein, während in Phasen von Hunger, Schmerz und damit verbundener Verzweiflung der Säugling den guten Zustand oder das gute Objekt für immer verloren zu haben glaubt bzw. sich einem bösen Objekt ausgeliefert zu sein fantasiert.

Als Reaktion auf diesen Zustand der Verzweiflung spaltet der Säugling entsprechend der Qualität von Lebens- und Todestrieb seine innere und auch die äußere Welt in eine gute und eine böse Welt. Die Spaltung dient dabei der Absicht, die gute innere Welt, also die Teile, die mit dem Lebenstrieb verbunden sind, vor der bösen Welt, die den Todestrieb repräsentiert, zu schützen.

Als weitere Schutzmaßnahme wird das Ich des Säuglings versuchen, die angstmachenden Aspekte der inneren Welt in die äußere Welt zu projizieren, wo diese mit dem angstmachenden Teil des äußeren Objekts als verschmolzen fantasiert werden.

Auf diese Weise entsteht aus der Angst vor dem Todestrieb Verfolgungsangst, und der Teil des Todestriebs, der im Ich verblieben ist, wird in Aggression umgewandelt und gegen die Verfolger gerichtet.

Aber auch ein Teil des Lebenstriebs bzw. der Ich-Anteil, der den Lebenstrieb enthält, wird nach außen projiziert, und auch dieser Teil wird mit der lebensspendenden Wirklichkeit bzw. dem entsprechenden guten Objekt (Mutter) als verschmolzen fantasiert. Auf diese Weise werden 2 Fantasieobjekte geschaffen, die aber als Teil der äußeren Welt erlebt werden.

Gleichzeitig jedoch werden diese äußeren Objekte auch wieder der inneren Welt einverleibt bzw. introjiziert. Das gute äußere Objekt wird introjiziert, um ein gutes Objekt nicht nur in der Außenwelt, sondern auch in sich zu haben, verbunden mit der Fantasie, von diesem beschützt und versorgt zu werden. Aber auch das böse Objekt wird introjiziert, verbunden mit der Fantasie, dieses so besser kontrollieren zu können. Auf diese Weise entsteht eine der Außenwelt nachempfundene innere Welt, bevölkert mit sogenannten guten und bösen **inneren Objekten** oder auch inneren Eltern, die in der Fantasie als lebendige Menschen im Innern des eigenen Körpers wahrgenommen werden.

Aber auch wenn der Aufbau der inneren Welt in Anlehnung an die äußere Welt aufgebaut wird, stellt diese kein Duplikat dar, denn die Projektion bewirkt eine Färbung der Außenwelt, erzeugt vielleicht ein hasserfülltes Objekt, das real so gar nicht existiert, und beeinflusst so in starkem Maße die Inhalte der Introjektion, d. h., dass zum Beispiel die introjizierten Eltern nur ein verzerrtes Abbild der realen Eltern darstellen, also in Wirklichkeit weder so gut noch so böse sind, wie sie in der inneren Welt fantasiert werden.

Melanie Klein nannte diesen Zustand der inneren Welt die **paranoid-schizoide Position**.

Schizoid, weil innere und äußere Welt als gespalten fantasiert werden, und paranoid, weil diese Konfiguration mit heftigen Ängsten und Verfolgung durch böse äußere Objekte erlebt wird. Gleichwohl wird aber diese Konfiguration als entlastend erlebt, da die Spaltung die guten Erfahrungen der inneren Welt vor den bösen Erfahrungen schützt und durch die Projektion nach außen weiteren Schutz verspricht. Insofern kann die paranoid-schizoide Position nicht nur als eine Konfiguration der inneren Welt, sondern auch als eine bestimmte psychische Funktionsweise verstanden werden, die immer wieder bedingt durch das Erleben oder Wahrnehmen von großer Gefahr ausgelöst werden kann.

Spuren dieser frühen unbewussten Geschehnisse finden sich auch in den Märchen, z. B. in Hänsel und Gretel, Schneewittchen usw., oder dem Spiel der Kinder.

> *„In der klaren Trennung zwischen den Armeen guter und böser Geister in den Märchen drückt sich die Weltsicht aus, die das kleine Kind in seiner Säuglingszeit entwickelt. Die bösen Mächte stellen die zerstörerischen Impulse des Kindes dar, die guten seine Liebesimpulse; dass beide ganz rein sind, zeigt, wie genau der Säugling zwischen den liebenden und den hassenden Aspekten seines Selbst unterscheidet. Die beunruhigende Neigung der guten Kräfte im Märchen, sich in böse zu verwandeln, entspricht der Neigung des Kin-*

des, im Falle seiner Enttäuschung seine Liebe urplötzlich in Hass zu verkehren. Man beachte, dass im Märchen der Gute nie böse Züge haben kann oder umgekehrt. Die Guten sind gut und die Bösen sind böse. Wenn aus Guten ein Böser wird, dann nur, weil er immer schon böse war und sich nur verstellt hat. So ist die Spaltung gegen Erfahrung gefeit.“ (Caper 2000, S. 176).

4.4 Depressive Position

Mit fortschreitender kognitiver und emotionaler Reifung gelingt es dem Säugling aber immer besser, Versagungen und Enttäuschungen zu tolerieren und widersprüchliche Gefühle, also z. B. Liebe und Hass gegenüber ein und derselben Person, auszuhalten. Als Konsequenz können Spaltungen und Projektionen zurückgenommen werden, d. h. die zuvor aufgrund der Spaltungsprozesse errichteten positiven (guten) und negativen (bösen) Selbst- und Objektbilder der inneren und äußeren Welt können integriert, also zusammengefügt werden, aus der nur bösen bzw. nur guten Mutter wird eine mehr realistische Mutter.

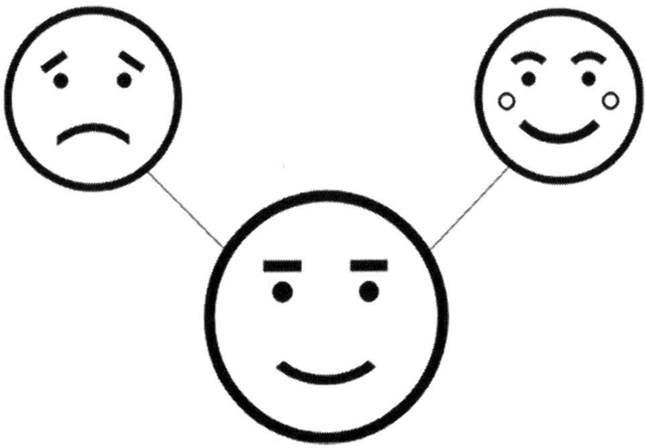

***Abb. 4.4.1** Integration einer „nur guten“ und einer „nur bösen“ Mutter*

Melanie Klein nannte diese Konfiguration der inneren Welt bzw. die damit verbundene psychische Funktionsweise **depressive Position**. Die größte Sorge bzw. Angst (Verlustangst) im Rahmen dieser Funktionsweise besteht darin, das integrierte Objekt, durch den gegenüber dem vermeintlich bösen Objekt empfundenen Hass, beschädigt zu haben.

5 ZUR KONFLIKTTHEORIE DER PSYCHOANALYSE

5.1 Psychoanalytische Modelle

In den vorhergehenden Kapiteln wurde schon verschiedentlich ausgeführt, dass nicht nur bewusste, sondern eben auch unbewusste Wünsche und Bedürfnisse sich in einem Konflikt befinden können. Insbesondere wurde auch auf den von Beginn an zwischen Lebenstrieb und Todestrieb vorhandenen Konflikt und dessen Auswirkungen hingewiesen.

Sigmund Freud entwickelte zur Darstellung dieser Situation 2 verschiedene Modelle (Sandler et al. 2003).

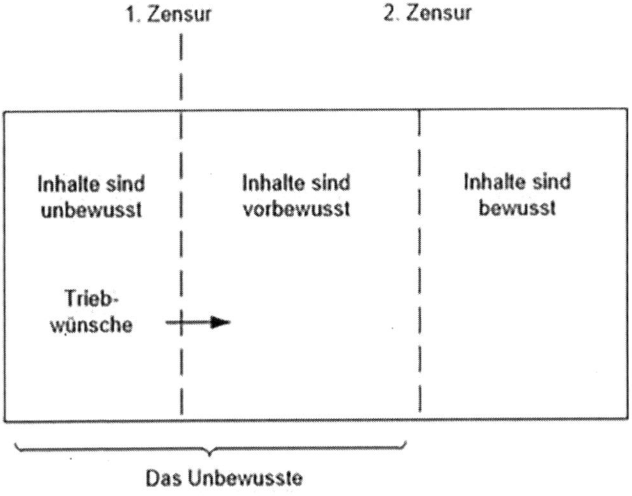

Abb. 5.1.1 Topografisches Modell

Die obige Abbildung stellt das sogenannte topografische Modell dar. In diesem Modell sind psychische Inhalte zunächst einmal in bewusste und unbewusste Inhalte aufgeteilt, wobei die unbewussten Inhalte wiederum in unbewusst und vorbewusst aufgeteilt sind. Mit dieser Aufteilung des Unbewussten in 2 Systeme versuchte Freud deutlich zu machen, dass es unbewusste Inhalte gibt, die bewusstseinsfähig (vorbewusst) sind, während es andere unbewusste Inhalte (unbewusst) gibt, die im Prinzip nicht bewusstseinsfähig sind.

Konflikte in diesem Modell ergeben sich immer dann, wenn z. B. unbewusste Triebwünsche versuchen zum Bewusstsein vorzudringen, sodass diese dann mithilfe des Bewusstseins erfüllt werden können.

Da das Bewusstsein, aus welchen Gründen auch immer, unbewusste Wünsche mancher Art oder auch bestimmte Empfindungen (z. B. Neid oder auch Todeswünsche gegenüber Familienangehörigen) als sehr unangenehm, ja geradezu schmerzhaft erlebt, muss das Bewusstsein davor geschützt werden.

Dies geschieht mithilfe der 1. und 2. Zensur an den jeweiligen Systemgrenzen, d. h., Triebwünsche werden auf dem Weg zum Bewusstsein an diesen Grenzen entweder abgewiesen (z. B. verdrängt) oder so modifiziert, dass der zugrunde liegende Triebwunsch nicht mehr erkennbar ist (aus Neid wird Abwertung [so ein Auto brauche ich nicht]).

Neuere Erkenntnisse aber, insbesondere die Entdeckung des Über-Ichs, führten Freud zur Entwicklung des sogenannten Strukturmodells.

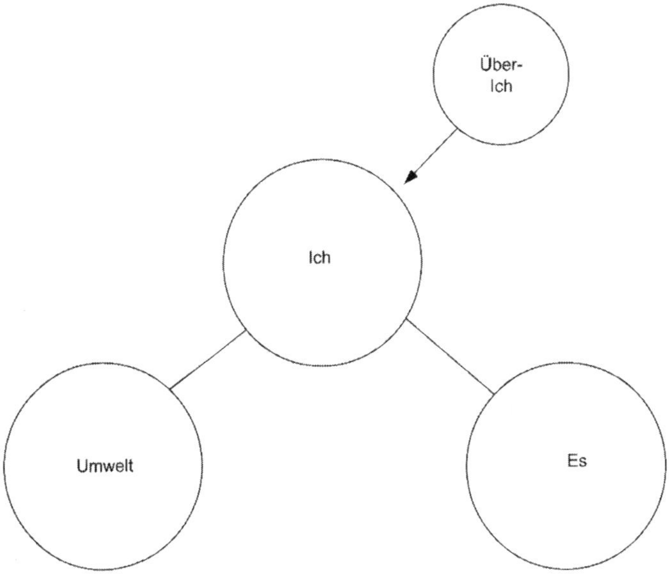

***Abb. 5.1.2** Strukturmodell*

In diesem Modell, auch Instanzenmodell genannt, besteht der psychische Apparat aus den Instanzen Ich, Es und Über-Ich.

Das **Ich** stellt dabei diejenige psychische Organisation dar, die Zugang zum Bewusstsein hat, bzw. das Bewusstsein könnte auch als ein Teil des Ichs verstanden werden. Entsprechend besteht die Hauptfunktion des Ichs, das Bewusstsein vor unangenehmen Erfahrungen zu schützen. Dazu bedient es sich bestimmter Signale, wie z. B. Angst oder auch Scham, die dem Ich anzeigen, dass ein unbewusster Wunsch, der nach Erfüllung strebt, mit großen Gefahren verbunden ist.

Eine weitere Funktion stellt die **Realitätsprüfung** dar, die darüber entscheidet, ob Reize aus der Innenwelt (Fantasien) oder der Außenwelt (Sinneswahrnehmungen) stammen.

Aus den bisherigen Ausführungen sollte ersichtlich sein, dass das Ich bzw. die Ausübung der Ich-Funktionen zum Teil bewusst und zum größeren Teil unbewusst geschieht. Beispielsweise findet die Verwendung der Abwehrmechanismen (Spaltung, Verdrängung usw.) unbewusst statt.

Der psychische Inhalt des **Es** besteht im Rahmen des hier diskutierten Strukturmodells aus unbewussten Wünschen (vorwiegend Triebwünsche). Das Es repräsentiert, wenn man so will, den dunklen, unzulänglichen Teil oder auch triebhaften Teil der Persönlichkeit.

Das **Über-Ich** repräsentiert quasi die auf dem Wege der Introjektion in die innere Welt hineingenommen bedeutsamen Personen der Außenwelt, insbesondere der Eltern, also deren Anforderungen und Gebote.

Auch das Über-Ich gehört zum größten Teil zum Unbewussten, wenngleich seine Tätigkeit manchmal beispielsweise in Form der sogenannten Gewissensbisse spürbar ist.

Eine weitere und wesentliche Aufgabe des Ichs besteht nun darin, zwischen den Anforderungen des Es, des Über-Ichs und der Außenwelt zu vermitteln, oder wie Freud es formulierte: *„Ein Sprichwort warnt davor, gleichzeitig zwei Herren zu dienen. Das arme Ich hat es noch schwerer, es dient drei gestrengen Herren, ist bemüht deren Ansprüche und Forderungen in Einklang miteinander zu bringen.“* (Freud 1933, S. 84).

Wenngleich in diesem Modell die Konflikte zwischen unbewussten Wünschen und dem Bewusstsein Teil des Modells sind, so liegt der Schwerpunkt dieses Modells doch in der Darstellung der Konflikte zwischen Außenwelt, Es, Über-Ich und Ich, und der Aufgabe des Ichs, jeweils zu vermitteln bzw. Kompromisse zu finden.

Dass es aber neben diesen Makrokonflikten, also den Konflikten zwischen den drei Instanzen und der Außenwelt, auch Mikrokonflikte, also Konflikte innerhalb der Instanzen gibt, kommt dabei zu kurz. Daher wird hier basierend auf dem 1962 von Joseph Sandler und Bernhard Rosenblatt (Sandler und Rosenblatt 1984) verfassten und weithin rezipierten Artikel *„Der Begriff der Vorstellungswelt“* hier ein weiteres Modell vorgestellt, mit dem z. B. die mit der **depressiven Position** verbundene Struktur der inneren Welt grafisch veranschaulicht werden kann.

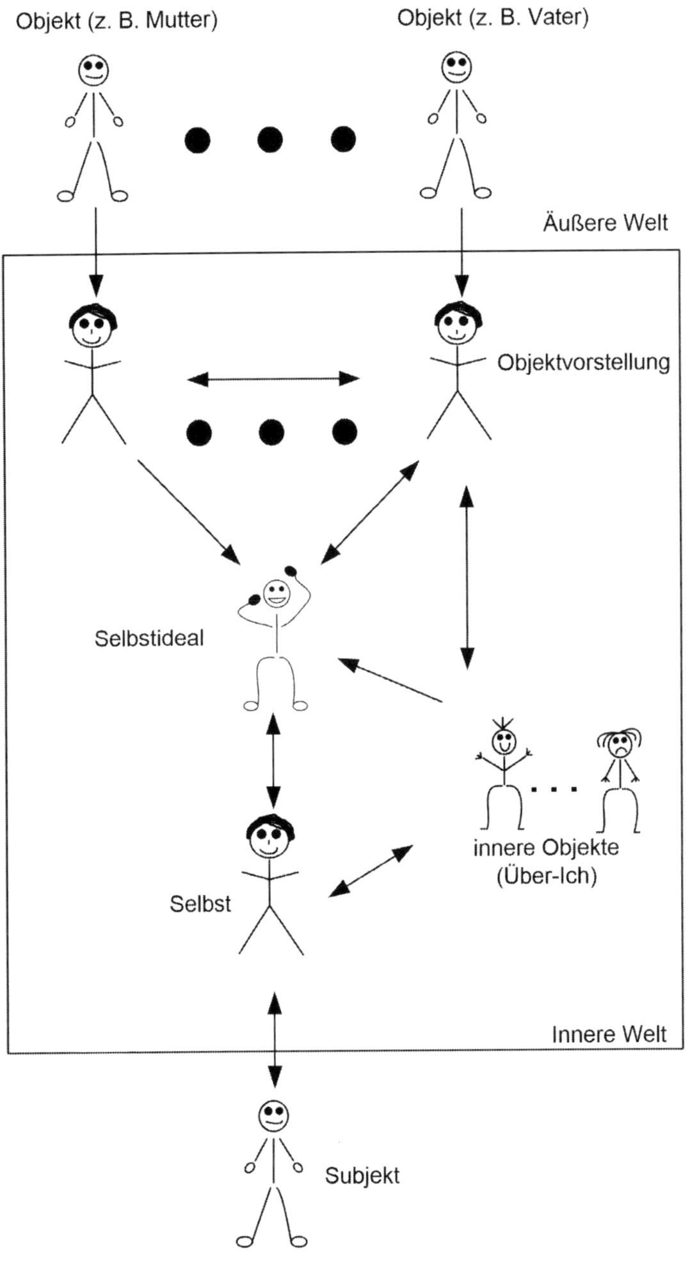

Abb. 5.1.3 *Vorstellungswelt der depressiven Position*

Die innere Welt der depressiven Position besteht zunächst einmal aus den unbewussten (und bewussten) Bildern, die sich das Individuum von den bedeutsamen Anderen (Objekten) der Außenwelt macht. Dabei bestehen diese Bilder nicht nur aus der Wahrnehmung der physischen Aspekte, sondern auch und insbesondere aus allen Gefühlen und Fantasien, die mit diesem Objekt verbunden sind. Da diese Bilder die realen Objekte aber mehr oder weniger verzerrt wiedergeben, was nicht nur mit der eingeschränkten Leistungsfähigkeit des menschlichen Wahrnehmungsapparates (Sinne) zu tun hat, sondern eben auch und ggf. insbesondere durch die unbewussten Projektionen eigener Wünsche, Gefühle und Fantasien auf die realen Objekte bewirkt wird, wird hier zwischen realem Objekt und der **Objektvorstellung**, also der Summe der bewussten und unbewussten Bilder, die sich das Individuum von dem realen Objekt gemacht hat bzw. laufend macht, unterschieden.

Entsprechend wird auch zwischen dem realen Subjekt und der Summe der unbewussten und bewussten Bilder (**Selbstvorstellung** bzw. **Selbst**), die das Subjekt (Individuum) von sich selbst hat, unterschieden.

In ähnlicher Weise wie die Objektvorstellungen kann auch die Selbstvorstellung in Abhängigkeit von den Bedingungen der Außenwelt und dem Zustand der inneren Welt eine Vielzahl von auch widersprüchlichen bzw. konflikthaften Gestalten annehmen.

Während also Subjekt und Objekt zur äußeren Welt gehören, sind die Selbstvorstellung sowie die Objektvorstellungen Elemente der inneren Welt.

Die konkrete Konfiguration einer Vorstellung zu einem gegebenen Zeitpunkt wird **Figur** genannt. Vorstellungen sind teilweise bewusst, überwiegend aber unbewusst. Und dies kann sich wandeln, d. h., bewusste Anteile können unbewusst werden und unbewusste Anteile evtl. bewusst.

Neben der **aktuellen** Figur der Selbstvorstellung, also der Art und Weise, wie sich das Subjekt zu einem gegebenen Zeitpunkt

selbst wahrnimmt (bewusst und unbewusst), gibt es noch die sogenannte ideale **Selbstvorstellung** (**Selbstideal**). Diese stellt eine Konfiguration dar, die dem Subjekt zu einem gegebenen Zeitpunkt ein Höchstmaß an Sicherheit, Wohlbehagen und Befriedigung verspricht.
Der Inhalt (bewusst und unbewusst) des Selbstideals ergibt sich aus

» den Forderungen geliebter, bewunderter und gefürchteter Objektvorstellungen (z. B. der Eltern),
» den an den Objekten wahrgenommenen, aber für sich erhofften Eigenschaften dieser Objekte,
» den früheren Selbstidealen, die einmal als sehr befriedigend erlebt wurden,
» dem Wissen über die Realität und die eigenen Grenzen und Fähigkeiten,
» den Anforderungen der Triebwünsche und
» schließlich den Anforderungen der inneren Objekte.

Die nicht mehr in gute und böse gespaltenen **inneren Objekte** unterscheiden sich von den Objektvorstellungen durch ihren besonderen Status. Denn während die Objektvorstellungen letztlich in der inneren Welt die Objekte der äußeren Welt darstellen und als solche auch so wahrgenommen werden, stellen die inneren Objekte autonome Fantasieobjekte in der inneren Welt dar, mit denen das Selbst einen kontinuierlichen Dialog unterhält, vergleichbar einem Beifahrer (inneres Objekt), der jede Aktion des Fahrers (Selbst) mehr oder weniger wohlwollend mit Tadel oder Lob kommentiert.

In diesem Sinne stellen die inneren Objekte der depressiven Position auf einer psychisch höheren Ebene verinnerlichte (introjizierte) Eltern dar, oder auch Objekte, die mit elterlicher Macht und Autorität ausgestattet sind.

Dabei gilt es erneut zu bedenken, dass z. B. durch die Projektion eigener Aggressionen auf die Elternvorstellungen, die introjizierten Eltern viel strenger und strafender fantasiert und wahrgenommen werden können, als die realen Eltern je waren.

Während ein Kind, das sich z. B. mit seinem Vater in einer bestimmten Sache (Rauchen) **identifiziert** hat, versuchen würde den Vater in dieser Sache zu kopieren, also selbst zu rauchen, würde ein Kind, welches das Verbot des Vaters, selbst zu rauchen, verinnerlicht hätte, auch in Abwesenheit des Vaters nicht rauchen, da der innere Vater alles sieht.

Sigmund Freud kannte eigentlich nur ein inneres Objekt, dem er den Namen **Über-Ich** gab, und bezogen auf die bisherigen Ausführungen repräsentiert Freuds Über-Ich eine Art Verdichtung oder Abstraktion aller inneren Objekte.

Schließlich ist noch nachzutragen, dass Objekt- und Selbstvorstellungen nicht isoliert gedacht werden können, sondern immer in Beziehung zueinander stehen bzw. sich in einem Dialog miteinander befinden und dass die entsprechenden Vorstellungen eben auch diesen Dialog oder die entsprechenden Interaktionen beinhalten.

Die Vorstellung eines Wunsches beispielsweise beinhaltet damit immer auch die Vorstellung der entsprechenden Reaktion des Objekts, und der Verlust eines Objekts impliziert damit immer auch den Verlust eines Aspekts des Selbst oder auch des Selbstideals.

Wird eine zu große Diskrepanz zwischen der aktuellen Selbstvorstellung und dem Selbstideal wahrgenommen, stellt dies eine Störung des **psychischen Gleichgewichts** dar, was wiederum mit psychischem Schmerz bezahlt wird.

Auch die innere Welt der paranoid-schizoiden Welt lässt sich im Prinzip mithilfe des Konzepts der Vorstellungwelt darstellen.

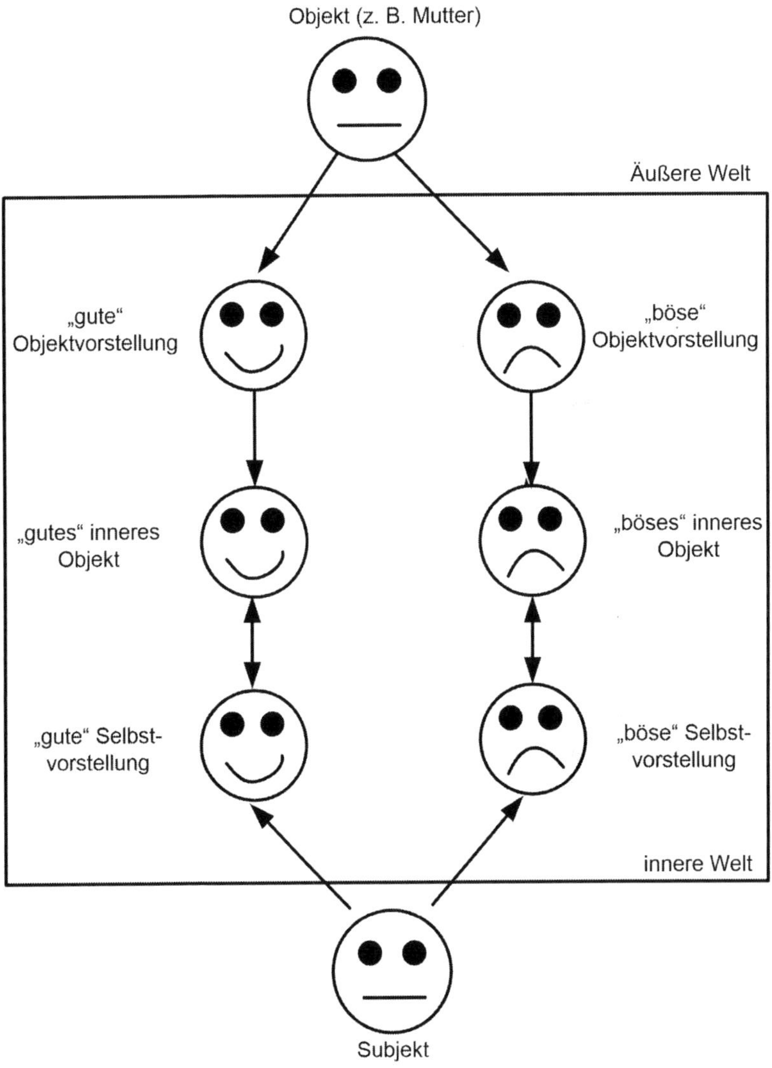

Abb. 5.1.4 *Vorstellung der paranoid-schizoiden Position*

Die Grafik macht deutlich, dass das äußere Objekt im Rahmen der Objektvorstellung in ein „gutes“ und ein „böses“ Objekt gespalten wird. Entsprechend sind auch die inneren Objekte und die Selbstvorstellung in „gut“ und „böse“ gespalten.

Eine solche Konfiguration ergibt sich, wenn der Konflikt zwischen Lebenstrieb (Liebe) und Todestrieb (Hass) aufgrund innerer Umstände (geringe Frustrationstoleranz, starker Neid) oder äußere Umstände (Verwahrlosung, physischer Schmerz) nicht anders gehandhabt werden kann, und dient letztlich dem Schutz der inneren Objekte. Gleichwohl besteht der Preis, der dafür gezahlt werden muss, in einer Zunahme der Verfolgungsangst, was evtl. in einen Teufelskreis führen kann.

Natürlich ist eine solche Darstellung eine sehr schematische, und die tatsächlichen Verhältnisse sind doch deutlich komplexer und dynamischer. Dynamisch auch insofern, als dass die paranoid-schizoide Position und die depressive Position keine statischen Entwicklungsstufen darstellen, die jeweils nur durchlaufen bzw. erreicht werden müssen. Tatsächlich kommt es zu ständigen Wechseln zwischen diesen beiden Positionen mit unterschiedlichen Ausprägungen, d. h., dass in Zeiten psychischer Not, Angst und Verzweiflung das Individuum immer in Gefahr ist, auf die paranoid-schizoide Funktionsweise partiell zurückzufallen. Partiell heißt dabei, dass nur ein Teil der Persönlichkeit entsprechend der paranoid-schizoiden Funktionsweise agiert, während der vielleicht überwiegende Teil der Persönlichkeit weiterhin auf Basis der depressiven Funktionsweise die äußere und innere Welt wahrnimmt.

Strukturell oder auch organisatorisch betrachtet, kann sich das Unbewusste aus vielen übereinanderliegenden Schichten vorgestellt werden, die jeweils über ihre eigene Struktur verfügen. Die unterste oder frühste Schicht besitzt dabei eine eher „strenge" paranoid-schizoide Struktur, während die Schichten darüber mehr oder weniger ausgeprägte paranoid-schizoide oder depressive Strukturen darstellen. Und unter psychischer Belastung wird auf eine der früheren Organisationen mit ihren jeweils eigenen Konfliktlösungen zurückgegriffen. Diese früheren Konfliktlösungen, wenngleich dem gegenwärtigen Leben nicht angemessen, versprechen aber dann doch eine partielle Wahrung des psychischen Gleichgewichts.

5.2 Von der Triebtheorie zur Motivationstheorie

Unbewusste Wünsche und Impulse wurden in den vorangegangenen Kapiteln bisher überwiegend als Triebwünsche sexueller oder destruktiver Natur klassifiziert. Wenngleich im Zusammenhang mit der Darstellung des Konzepts der Vorstellungswelt mehr oder weniger implizit schon anklang, dass es neben den Triebwünschen auch noch andere unbewusste Kräfte gibt, die eine große Rolle spielen. Beispielsweise wurde in Kap. 4.4 im Zusammenhang mit der Einführung des Selbstideals darauf hingewiesen, dass die Wahrnehmung einer zu großen Distanz zwischen der aktuellen Gestalt des Selbst und der aktuellen Gestalt des Selbstideals zu großem psychischen Schmerz führen kann und dass das Ich alles unternehmen wird, um dieses Problem zu lösen. Eine solche Distanz stellt eine Störung des unbewussten psychischen Gleichgewichts dar. Ein Gleichgewicht, welches mit Gefühlen von Sicherheit und Wohlbehagen verbunden ist (Sandler 1960, Sandler und Sandler 1999) und sich bei einem Säugling typischerweise nach einem Stillvorgang einstellt. Dieser Gefühlszustand sollte nicht mit dem Zustand der Triebbefriedigung verwechselt werden. Er kann eine solche begleiten, existiert aber gleichwohl unabhängig davon. Es ist ein Zustand, der frei von Schmerz, Angst und Unbehagen ist, verbunden mit der Fantasie, ein gutes Objekt (Mutter, Vater) in sich zu haben, von dem der Säugling sich geliebt, getragen und beschützt fühlt.

Und die Aufrechterhaltung dieses zentralen Gefühlszustandes stellt vielleicht das stärkste unbewusste Motiv des Säuglings, des späteren Kindes und Erwachsenen, dar. Dies resultiert verständlicherweise in Wünsche, die einerseits einen solchen Zustand in der Lage sind herbeizuführen und andererseits in Wünsche, die darauf abzielen, alles zu vermeiden, was diesen Zustand bedroht. Und dazu können auch Triebwünsche gehören, d. h. das Verlangen nach Sicherheit und Wohlbehagen ist in solchen Fällen stärker als das Bedürfnis nach Triebbefriedigung, denn ansonsten würden Triebwünsche ebenso befriedigt, wie sie auftauchen.

Joseph Sandler formuliert es so: *„Ich halte eine psychoanalytische Psychologie der Motivation, die den Trieben keine Beachtung schenkt, für eine armselige Psychologie; armselig ist aber auch eine Triebpsychologie, die keine anderen Motive als nur eben die Triebe erkennen kann."* (Sandler und Sandler 1999, S. 46)

5.3 Die Abwehrmechanismen

Um das Bewusstsein vor schmerzhaften und unangenehmen Gefühlen, die die aus dem Unbewussten stammenden und zum Bewusstsein drängenden Wünsche begleiten, zu schützen oder auch um Konfliktlösungen innerhalb des Unbewussten zu finden, bedient sich das Ich einer Reihe sogenannter **Abwehrmechanismen**.

In Kapitel 4.2 wurden schon einige dieser Abwehrmechanismen (Spaltung, Projektion, Introjektion und projektive Identifizierung) vorgestellt, die primär im Rahmen der paranoid-schizoiden Funktionsweise zum Tragen kommen. Aus diesem Grund werden diese auch als frühe oder primitive Abwehrmechanismen bezeichnet.

In diesem Abschnitt sollen nun diejenigen Abwehrmechanismen vorgestellt werden, die überwiegend im Rahmen der depressiven Position bzw. Funktionsweise eingesetzt werden.

Der bekannteste Abwehrmechanismus, und eigentlich von Freud auch als Erstes erkannt, ist die **Verdrängung**, wobei Freud ursprünglich dazu tendierte, Verdrängung als eine Art Oberbegriff, also im Sinne von Abwehr, zu verwenden. Verdrängung im engeren Sinn, so wie der Begriff heute verstanden wird, bedeutet, dass ein Wunsch in Kombination mit einer Empfindung einfach vergessen wird, als ob es diesen nicht geben würde. Auf diese Weise wird ein unbewusster Wunsch, der zum Bewusstsein durchdringen konnte, aus diesem wieder ausgeschlossen (verdrängt) oder erst gar nicht zugelassen.

Eng verwandt mit der Verdrängung ist die **Verleugnung**. Während es bei der Verdrängung aber darum geht, psychische

Elemente, die aus der Innenwelt stammen, abzuwehren, wird die Verleugnung eingesetzt, um unbewusste Signale, die aber aus der Außenwelt stammen, abzuwehren, indem diese ausgeblendet bzw. ignoriert werden, was dann auf der Ebene des Bewusstseins eine Wahrnehmungsstörung darstellt. Beliebig viele Beispiele finden sich im Rahmen sportlicher Aktivitäten, wo z. B. eine Gruppe sich sicher ist, dass der Ball aus war, während die andere Gruppe genau das Gegenteil wahrgenommen hat. (Der Vorgang der Wahrnehmung ist zunächst immer ein unbewusster Akt).

Der Mechanismus **Isolierung** wiederum lässt zwar zu, dass ein Gedanke oder eine Vorstellung bewusst werden kann, aber die damit verbundene Empfindung (z. B. Eifersucht oder Neid) bleibt unbewusst. Das, was dann manchmal an der Oberfläche als Gleichmut imponiert, ist in der Tiefe evtl. mit Gefühlen von Hass und Wut verknüpft.

Einen weiteren Mechanismus stellt die **Reaktionsbildung** dar, die dazu führt, dass das Gegenteil von dem getan oder gedacht wird, was eigentlich unbewusst beabsichtigt und empfunden wird und sich zu einem Charakterzug entwickeln kann.

Anstatt schmutzig zu sein, ist man adrett und sauber, anstatt sexuell erregt, reagiert man frigide oder emotional kalt, anstatt sich zur Schau zu stellen, gibt man sich zurückhaltend und bescheiden, anstatt grausam zu sein, ist man hilfsbereit.

Ein der Reaktionsbildung ähnlicher Mechanismus stellt die **Idealisierung** dar, die das Ziel verfolgt, dass jemand, der eigentlich beneidet und vielleicht auch gehasst wird, stattdessen nun bewundert bzw. idealisiert wird. Auf diese Weise wird ein z. B. bedeutsamer Mitmensch, der zwar geliebt, demgegenüber aber auch viel Neid empfunden wird, vor diesem Neid geschützt, indem er idealisiert wird, also damit unantastbar gemacht wird.

Der Mechanismus des **Ungeschehenmachens** zielt dagegen darauf ab, unerträgliche, schuldbeladene Gedanken oder Worte so zu behandeln, als wären diese Gedanken oder Worte gar nicht erst gefasst oder formuliert worden. Ein Mechanismus, der auch zur psychischen Selbstreparatur verwendet wird, wenn z. B. im Nachgang einer Auseinandersetzung, die vielleicht als sehr blamabel oder beschädigend erlebt wurde, die Erinnerung daran so verändert wird, dass die entsprechenden Worte eben nicht gefallen sind.

Dagegen stellt die **Sublimierung** einen in vielen Fällen angemessenen Abwehrmechanismus dar. Im Kern handelt es sich dabei um die Umwandlung eines Triebimpulses in ein nicht triebgebundenes Verhalten. Anstatt sich zu schlagen, wird diskutiert, aus sexueller Neugier wird vielleicht intellektuelle Neugier und aus Schuldbewusstsein vielleicht kreatives Schaffen.

Bei der **Wendung gegen das eigene Selbst** dagegen wird der aggressive Impuls zwar ausgelebt, aber anstatt sich gegen das gehasste Objekt zu richten, wird er gegen das eigene Selbst gewendet. Dies geschieht z. B. aus Angst vor der Rache des Objekts und/oder auch, weil das Objekt gleichzeitig geliebt und benötigt wird und auf diese Weise geschützt werden soll.

Schließlich soll hier noch eine letzte sehr wichtige Ich-Funktion vorgestellt werden, die aber nicht nur Abwehrzwecken dient, sondern auch eine große Rolle im Rahmen des psychischen Wachstums spielt. Diese Funktion oder dieser Abwehrmechanismus ist die **Identifizierung**. Dabei muss, bezogen auf die damit verbundene Fantasie, zwischen 2 Arten der Identifizierung unterschieden werden. Im ersten Fall (**sekundäre Identifizierung**) geht es darum, dass bestimmte Aspekte eines äußeren (z. B. Vater oder Mutter) oder auch inneren Objekts vom Ich in die Selbstvorstellung übernommen werden, d. h., das Objekt stellt ein Modell für die entsprechende Umwandlung der Selbstvorstellung dar und kann auf diese Weise zu einer dauerhaften Veränderung der Persönlichkeit führen.

Ein Junge, der sich mit seinem Vater identifiziert, um beispielsweise so groß und mächtig zu sein wie dieser, wird versuchen, sich auch entsprechend so zu verhalten, spätestens dann als Erwachsener, wenngleich vielleicht auch nur in verschlüsselter Form.

Eine Variation dieser Form der Identifizierung stellt die **Identifizierung mit dem Aggressor** dar, wobei sich das evtl. hilflose Ich mit dem Peiniger identifiziert und nun andere in ähnlich grausamer Weise behandelt.

Die zweite Form der Identifizierung stellt die **primäre Identifizierung** dar, der die Fantasie zugrunde liegt, Subjekt und Objekt miteinander zu verschmelzen. Diese Form der Identifizierung dient u. a. der Vermeidung jeglichen Gefühls von Getrenntheit bzw. Abhängigkeit. Während die sekundäre Identifizierung zu den Abwehrmechanismen der depressiven Position bzw. Funktionsweise gehört, wird die primäre Identifizierung im Rahmen der paranoid-schizoiden Position bzw. Funktionsweise eingesetzt und kann dabei Teil einer wahnhaften (psychotischen) Konfliktlösung sein. Außerdem stellt die primäre Identifizierung einen Baustein der komplexeren projektiven Identifizierung dar.

In diesem Zusammenhang macht es auch Sinn, zwischen einer eher wahnhaften Projektion, ebenfalls ein Baustein der projektiven Identifizierung, und einer nicht wahnhaften Projektion zu unterscheiden. Während Erstere im Rahmen der paranoid-schizoiden Position verwendet wird, in der Absicht, Objekt und Selbst zu verschmelzen, stellt Letztere einen Abwehrmechanismus der depressiven Position dar, z. B. wird mit der Zuschreibung *„nicht ich bin neidisch, du bist es“* zwar das schmerzhafte Gefühl des Neides abgewehrt, indem dieser dem Anderen unterstellt wird, gleichwohl bleibt die Wahrnehmung der Trennung von Selbst und Objekt aber erhalten.

Selbst die projektive Identifizierung kann unterschiedlichen Absichten dienen. Sie kann einer wahnhaften Absicht dienen, aber auch der Kommunikation, indem beispielsweise der Säugling einen schmerzhaften Zustand in die Mutter auslagert (Hunger), verbunden mit der Fantasie, dass diese diesen Zustand evtl. zu deuten weiß und für Abhilfe sorgen wird.

6 ZUR ENTWICKLUNG DER PSYCHOSEXUALITÄT

6.1 Vorbemerkung

In seinen „Vorlesungen zur Einführung in die Psychoanalyse" schreibt Freud:

> *„... es ist nicht leicht anzugeben, was den Inhalt des Begriffes ‚sexuell' ausmacht. Alles, was mit dem Unterschied der zwei Geschlechter zusammenhängt, wäre vielleicht das einzig Treffende, aber Sie werden es farblos und zu umfassend finden. Wenn Sie die Tatsache des Sexualaktes in den Mittelpunkt stellen, werden Sie vielleicht aussagen, sexuell sei all das, was sich in der Absicht der Lustgewinnung mit dem Körper, speziell den Geschlechtsteilen des anderen Geschlechts beschäftigt und im letzten Sinne auf die Vereinigung der Genitalien und die Ausführung des Geschlechtsaktes hinzielt ... Machen Sie aber die Fortpflanzungsfunktion zum Kern der Sexualität, so laufen Sie Gefahr, eine ganze Anzahl von Dingen, die nicht auf die Fortpflanzung zielen und doch sicher sexuell sind, auszuschließen, wie die Masturbation und selbst das Küssen."* (Freud 1916, S. 312)

Und in einer weiteren Schrift heißt es:

> *„Der Begriff des Sexuellen umfasst in der Psychoanalyse weit mehr; er geht nach unten wie nach oben über den populären Sinn hinaus. Die Erweiterung rechtfertigt sich genetisch; wir rechnen zum ‚Sexualleben' auch alle Betätigungen zärtlicher Gefühle, die aus der Quelle der primitiven sexuellen Regungen hervorgegangen sind, auch wenn diese Regungen eine Hemmung ihres ursprünglichen Zieles erfahren oder dieses Ziel gegen ein anderes, nicht mehr sexuelles vertauscht haben. Wir sprechen darum auch lieber von Psychosexuali-*

tät, legen also Wert darauf, dass man den seelischen Faktor des Sexuallebens nicht übersehe und nicht unterschätze.“ (Freud 1910, S. 120)

Freud macht damit klar, dass basierend auf den Entdeckungen und Erkenntnissen der Psychoanalyse Sexualität viel umfassender als zu seiner Zeit üblich und im populären Kontext zum Teil auch noch heute verstanden werden muss.

Wenngleich es ohne Zweifel eine biologische Disposition der Sexualität gibt, so ist Sexualität trotzdem nicht etwas biologisch Gegebenes, sondern etwas von Anbeginn psychisch Erworbenes, über die Jahre und Jahrzehnte Hergestelltes, Intimes und Verletzliches und damit ein zentrales Element des psychischen Raums, insbesondere des Unbewussten. Und das, was unter dem Begriff sexueller Trieb oder sexueller Drang verstanden wird, stellt ein theoretisches Konstrukt dar, zur Erklärung bzw. Kennzeichnung der mit den sexuellen Bedürfnissen und der nach Befriedigung drängenden fundamentalen Kräfte (Libido).

Wenn aber trotz dieser Vorbemerkungen im Folgenden der Gewöhnung wegen gleichwohl der Begriff Sexualität anstelle von Psychosexualität verwendet wird, so ist damit immer der Sinn dessen, was Freud unter Psychosexualität verstand, gemeint.

6.2 Infantile Sexualität

Unter **infantiler Sexualität** wird die sexuelle Ausgestaltung der Wünsche, Bedürfnisse, Fantasien und Befriedigungsmodi des Menschen von seiner Geburt an bis etwa zum Erreichen der Pubertät verstanden.

Wegen seiner Entdeckung, dass Kinder sexuelle Wesen sind, wurde Freud in seiner Zeit oft heftig kritisiert, obwohl er nicht der Erste war, der dies beobachtete, und eigentlich schon in den Mythen des antiken Griechenlands sich Hinweise darauf finden lassen.

Aber selbst heute noch lehnen viele Menschen die Vorstellung, dass Kinder eben keine asexuellen Wesen sind, ab, obwohl sich dafür doch mit den sogenannten *„Doktorspielen"* ein eigener Begriff eingebürgert hat, und diese gehören zur normalen Entwicklung von Kindern im Vor- und Grundschulalter.

Bereits Säuglinge entdecken ihren eigenen Körper – zunächst Haut und Mund und mit wenigen Monaten ihre eigenen Geschlechtsorgane. Ab dem zweiten Lebensjahr beginnen Kinder andere Jungen und Mädchen in ihre sexuellen Handlungen einzubeziehen, die in der Regel aber Ausdruck schon früherer bewusster und unbewusster Fantasien sind.

Die Kinder untersuchen dabei ihre Geschlechtsorgane, imitieren das Verhalten von Erwachsenen, und ihre sexuelle Neugierde würde dabei, wenn sie könnten, wie sie wollten, vor nichts haltmachen. Gleichwohl, und dies ist von großer Bedeutung, sprechen Kinder dabei ihre eigene sexuelle Sprache und **nicht** die Sprache des Erwachsenen, d. h., ältere Kinder, Jugendliche und auch Erwachsene dürfen an diesen sexuellen Aktivitäten nicht teilnehmen, und es liegt in der Verantwortung dieser Gruppe, dass Grenzen nicht überschritten und das Verhalten der Kinder zwar toleriert, aber nicht missverstanden wird.

Eine wichtige Rolle spielen bei der Entwicklung der infantilen Sexualität die sexuell erregenden Eigenschaften der von Freud beschriebenen **erogenen Zonen** (Haut, Mund, Mundhöhle, Anus, Geschlechtsorgane).

So führt die diffuse Erregbarkeit der Haut und der Schleimhäute dazu, dass im Zusammenhang mit der emotionalen und leiblichen Versorgung des Säuglings durch die Reizung der Mundschleimhäute während des Stillvorgangs nicht nur das sexuelle Erleben stimuliert, sondern gleichzeitig und zusätzlich das versorgende Objekt in ein sinnlich begehrenswertes Objekt verwandelt wird.

Während aber Freud noch unterstellte, dass sich die infantile Sexualität in Phasen entwickelt, entlang der erogenen Zone, die gerade im Zentrum des kindlichen sexuellen Erlebens steht, wird heute angenommen, dass die sich daraus entwickelnden psychischen Bedürfnisse und Fantasien mehr oder weniger von Beginn eher gleichzeitig ihre Wirkung entfalten.

a) Orale Sexualität

Im ersten Lebensjahr des Säuglings stellen der Mund und die Mundhöhle in Verbindung mit dem Nuckeln und Saugen die primäre Quelle sinnlicher Erfahrungen bzw. Befriedigungen dar. Mit der Hilfe von z. B. Schnuller oder Daumen ist der Säugling in der Lage, die entsprechenden Erfahrungen aktiv herbeizuführen.

Auch das Kauen und Beißen dient nicht nur der Nahrungsaufnahme, sondern ebenfalls der oral-sinnlichen Lustgewinnung.

Mit großem Vergnügen steckt der Säugling alle Objekte in seiner Reichweite in den Mund, um darauf herumzubeißen, die entsprechenden Objekte zu schmecken und zu erforschen.

In Anlehnung an diese Aktivitäten – insbesondere das physische Aufnehmen und Ausstoßen – entwickeln sich auch die psychischen Funktionen von Introjektion und Projektion bzw. sind zum Teil schon umgekehrt der Ausdruck der entsprechenden psychischen Funktionen.

So dient das Verschließen der Lippen nicht nur der Nahrungsverweigerung, weil diese nicht schmeckt, sondern verrät evtl. auch oder vielleicht sogar überwiegend die Angst des Säuglings, etwas aufzunehmen, was er als bedrohlich fantasiert.

Die Intensität der oralen Gier, die bei Säuglingen zu beobachten ist, hängt wiederum stark vom Temperament des Säuglings und seiner Fähigkeit ab, Versagungen ertragen zu können, aber auch von dem Einfühlungsvermögen der ihn versorgenden Umwelt.

Die spätere mehr oder weniger ausgeprägte bewusste bzw. unbewusste Gier der Erwachsenen wird sicher mit durch diese frühe orale Gier beeinflusst.

b) Anale Sexualität

Die Bezeichnung anale Sexualität weist darauf hin, dass die sexuelle Erregung und die damit verbundenen Fantasien von der erogenen Zone um den Anus (After) ausgehen.

Zu lustvollen Empfindungen in diesem Bereich kommt es wahrscheinlich bereits kurz nach der Geburt.

Aber insbesondere im 2. und 3. Lebensjahr spielt diese Zone im Rahmen der Sauberkeitserziehung eine große Rolle. Im Mittelpunkt des kindlichen Interesses steht dabei einmal der Akt selbst, also das Entleeren des Darms (Defäkation) oder auch das Halten des Stuhls, um die damit verbundenen lustvollen Empfindungen (sensorisch als auch psychisch) zu intensivieren, und zum anderen nimmt das Produkt, also der Kot, der ausgestoßen oder gehalten wird, einen zentralen Platz in den Fantasien des Kindes ein.

Die in diesem Zusammenhang gemachten sinnlichen und psychischen Erfahrungen, insbesondere im Rahmen der Interaktionen mit den das Kleinkind versorgenden Personen (Eltern usw.), haben oder können großen Einfluss auf die Entwicklung des Charakters bzw. die Gestaltung späterer Beziehungen haben.

So kann die sinnliche Lust, die z. B. aus dem Halten des Stuhls (Verstopfung) gewonnen wird, mit dem Wunsch, die Kontrolle über diesen Akt zu behalten und sich nicht erzieherischen Anweisungen unterordnen zu müssen, verbunden werden.

Im späteren Leben kann dies seinen Ausdruck in der Angewohnheit finden, die Erledigung von Aufgaben so weit wie möglich hinauszuschieben oder in der Auflehnung und Rebellion gegen jede Art von Autorität. Andererseits aber kann sich als eine Art Reaktionsbildung gegen diese Impulse eine Art absoluter Gehorsam entwickeln. Doch auch das Entleeren des Darms bzw. Ausstoßen des Stuhls kann begleitet werden von unbewussten Fantasien, innere oder auch äußere Objekte zu attackieren bzw. diese zu beherrschen.

Der Kot selbst wiederum wird als etwas sehr Wertvolles betrachtet, und die evtl. begeisterte Zustimmung der Erziehungspersonen, wenn dieser im Rahmen der Sauberkeitserziehung im Topf landet, trägt dazu bei. In diesem Zusammenhang spielt die Art und Weise, wie die Sauberkeitserziehung gelingt, zur Entwicklung eines positiven Selbstwertgefühls bei. Der Impuls von Kleinkindern, den Kot in den Mund zu führen oder damit herumzuschmieren, muss aufgegeben bzw. evtl. umgewandelt werden, z. B. in die Lust zu kochen oder zu malen.

Dass Kot etwas Wertvolles ist, das evtl. nicht gerne hergegeben oder aber großzügig als Geschenk präsentiert wird, bleibt im Unbewussten symbolisch erhalten.

Geld, Gold, Zeit, Bücher, der letzte Wille oder z. B. Kinder stellen Kotsymbole dar bzw. stehen stellvertretend für die unbewusste Bedeutung des Kots.

Hinweise dazu lassen sich neben der klinischen Erfahrung in vielen Mythen oder auch Märchen (z. B. „Tischlein deck dich") finden. Ein eindrucksvolles Beispiel ist der „Dukatenscheißer" an der Fassade des Hotels Kaiserworth in Goslar.

c) Infantil-genitale Sexualität

Unter infantil-genitaler Sexualität wird die Entdeckung der sexuellen Erregung, die sich aus der Stimulierung der Zone um die Genitalien ergibt, verstanden. Beim Mädchen sind dies in erster Linie Klitoris, Schamlippen und Vagina und beim Jungen Hoden und Penis.

Auch wenn die Erregung, die von der Stimulierung der Genitalien ausgeht, schon im 1. Lebensjahr eine Rolle spielt, so nimmt diese ab dem 3. Lebensjahr doch eine zentrale Stelle ein.

Die Kinder erfreuen sich daran, nackt herumzulaufen und ihren Körper zu zeigen. Ebenso stellt das neugierige Schauen oder das Interesse an intimen Handlungen eine normale und gesunde Reaktion dar.

Bei den Mädchen lässt die erhöhte genitale Empfindungsbereitschaft Fantasien des Aufnehmens und Eindringens entstehen.

Das kleine Mädchen bewundert den Körper der Mutter und möchte wie sie sein. Andererseits aber hat das Mädchen aufgrund seiner sexuell-körperlichen Unreife mit einer Vielzahl von Neid- und Minderwertigkeitsgefühlen zu kämpfen.

Für den kleinen Jungen wiederum ist es sein Penis, der im Zentrum seiner Erregung und seiner sexuellen Fantasien steht. Schwerter, Gewehre, Lanzen und Türme sind beliebte Spielobjekte und stellen letztlich auf symbolische Weise die zugrunde liegenden unbewussten Fantasien dar. Die Bewunderung des kleinen Jungen gilt dem Vater bzw. dessen fantasiertem Penis, der aber auch gleichzeitig eine Quelle der Angst ist.

Hinsichtlich des Bedürfnisses, sich und seine Genitalien zur Schau zu stellen, ist der kleine Junge gegenüber dem kleinen Mädchen im Vorteil, da die Genitalien des Mädchens eher versteckt sind, während der Junge damit angeben kann, z. B. beim Urinieren. Bei Mädchen kann dies zu einem Gefühl der Minderwertigkeit und Unterlegenheit führen, wofür das Mädchen wiederum seine Mutter verantwortlich macht. Evtl. kann sich daraus auch eine intensive Quelle des Neides (Penisneid) entwickeln, was aber ggf. wiederum kompensiert werden kann, durch die Tatsache, dass der Junge nicht gebären kann.

6.3 Geschlechtsidentität

Unter **Identität** versteht die Psychoanalyse die bewusste und überwiegend unbewusste Vorstellung von dem, was ein Individuum glaubt zu sein bzw. sein möchte.

Es ist der bewusste und unbewusste Blick auf sich selbst, verbunden mit dem Gefühl und der Erkenntnis: Das bin ich. Die Bildung dieser Identität, also der Vorstellung von sich selbst, stellt insbesondere im Zusammenhang von Interaktionen mit der Umwelt einen lebenslangen Prozess dar und unterliegt somit Veränderungen. Gleichwohl darf neben diesen Veränderungen der Identität ein unbewusster stabiler Kern, ein dauerndes inneres Sich-selbst-Gleichsein vermutet werden. Vielleicht ist es auch nur so zu erklären, dass der Mensch nach dem Aufwachen aus einem tiefen Schlaf (fast) unmittelbar weiß, wer und was er ist.

Neben den vielen Merkmalen, die die Identität eines Menschen ausmachen (Lebenslauf, Neigungen, Interessen, Beziehungen, Stellung, Beruf usw.), stellt die **Geschlechtsidentität**, die wiederum von biologischen, psychologischen, sozialen und kulturellen Faktoren bestimmt wird, einen zentralen Baustein dar.

Dies bedeutet, dass die Geschlechtsidentität mehr umfasst als die Zugehörigkeit zu einem bestimmten biologischen Geschlecht (männlich oder weiblich), wenngleich die Identifikation mit dem Körper bzw. dessen Geschlecht natürlich eine große Rolle spielt.

Neben dieser Identifikation trägt aber auch die Identifikation mit beiden Elternteilen wesentlich zur Entwicklung der Geschlechtsidentität bei. Ein Ergebnis dieser doppelten Identifizierung, also dass der Junge sich nicht nur mit seinem Vater, sondern auch mit seiner Mutter und das Mädchen sich eben nicht nur mit ihrer Mutter, sondern auch mit ihrem Vater identifiziert, stellt die von Freud so bezeichnete **Bisexualität** dar, die darauf verweist, dass die Geschlechtsidentität des Menschen aus männlichen **und** weiblichen Anteilen besteht und damit jeder Mensch prinzipiell (wenngleich unbewusst) sowohl zu heterosexuellen als auch homosexuellen Beziehungen in der Lage ist.

Dabei ist nachzutragen, dass das erste Objekt, mit dem sich Junge und Mädchen primär identifizieren, die Mutter ist. Die Identifizierung des Jungen mit dem Vater, insbesondere mit dessen Geschlecht, erfolgt versetzt, wobei ein nicht unwesentlicher Teil der Identifizierung mit der Mutter aufgegeben werden muss. Allerdings stellt diese Abfolge für viele Jungen insofern ein Problem dar, als dass dies dazu führen kann, dass Jungen sich in ihrer Geschlechtsidentität oft als angreifbar erleben. Sicher mit ein Grund dafür, dass Männer gegenüber homosexuellen Beziehungen sich im Durchschnitt weniger tolerant als Frauen zeigen.

Angesichts der Vielzahl an Einflussfaktoren bezüglich der Ausbildung einer Geschlechtsidentität und der Bandbreite möglicher Ausdrucksformen wird das Konzept der Geschlechtsidentität nunmehr aufgeschlüsselt in eine Kerngeschlechtsidentität, Geschlechtsrollenidentität und Geschlechtspartnerorientierung.

Unter der **Kerngeschlechtsidentität** wird ein grundlegendes, bewusstes und unbewusstes Wissen verstanden, dem einen und nicht dem anderen biologischen Geschlecht anzugehören.

Die Anatomie und Psychologie der Geschlechtsteile stellen im Rahmen der Selbstidentifizierung mit dem eigenen Geschlecht unter normalen Bedingungen schon sehr früh (in den ersten 24 Monaten) die Basis für die Entwicklung der Geschlechtsidentität. Neben diesen biologisch-anatomischen und auch psychischen Gegebenheiten trägt insbesondere die Identifizierung mit beiden Elternteilen sowie die unbewusste Geschlechtszuschreibung der Eltern (auch wenn es ein Junge ist, für mich ist es ein Mädchen, das ich mir doch so gewünscht habe) wesentlich zur Ausbildung der Kerngeschlechtsidentität bei.

Allerdings darf vermutet werden, dass durch die Identifizierung mit beiden Eltern und die dadurch aktivierte Bisexualität die entstehende Kerngeschlechtsidentität nicht konfliktfrei ist. Soziale und psychische Faktoren sind es dann auch, die dazu führen können, dass ein Mensch sich im Rahmen der Ausbildung der Kerngeschlechtsidentität nicht mit dem eigenen biologischen Geschlecht, sondern mit dem entgegengesetzten Geschlecht (**Transsexualität**) identifiziert, verbunden mit einem unterschiedlich stark ausgeprägten Leiden an seinen Geschlechtsmerkmalen.

Davon abzugrenzen ist der **Transvestitismus**, wo es um das bewusste Tragen (bei unbewussten Motiven) von Kleidung und Accessoires geht, die als stereotypisch für die Geschlechterrolle des anderen Geschlechts gelten, wobei die Kerngeschlechtsidentität gleichwohl die Identifikation mit dem eigenen biologischen Geschlecht beinhaltet.

Unter der Bezeichnung **Intersexualität** wiederum werden all jene Fälle zusammengefasst, die auf einer unklaren biologischen Geschlechtlichkeit beruhen, beispielsweise bei Abweichungen der Geschlechtschromosomen oder auch hormonell bedingten Entwicklungsstörungen.

Die **Geschlechtsrollenidentität** beruht im Prinzip auf der Kerngeschlechtsidentität und ist das Ergebnis unbewusst verinnerlichter Rollenerfahrungen im Rahmen der Interaktionen mit und zwischen den Eltern. Auch wenn soziale und kulturelle Einflüsse und das damit verbundene Erlernen von sozialen Rollen mit zunehmender Reife eine immer stärkere Bedeutung gewinnen, so bleibt die früh und unbewusst im Kontext der früh verinnerlichten Interaktionsmuster ausgebildete Geschlechtsrollenidentität davon doch relativ unberührt.

In der **Geschlechtspartnerorientierung** offenbart sich, ob die bevorzugte Wahl des Sexualobjekts (oder auch Liebesobjekts) eine heterosexuelle oder eine homosexuelle ist und welche Bandbreite sexueller Interaktionen mit dem Sexualobjekt möglich sind oder ob sich diese eingeschränkt nur auf bestimmte Teile der menschlichen Anatomie richten können.

In diesem Zusammenhang sollte noch einmal darauf hingewiesen werden, dass die Wahl des bevorzugten Sexualobjekts nicht genetisch vorgegeben ist, sondern durch vielfältige psychische, soziale und kulturelle Einflüsse bestimmt wird, wobei hinzugefügt werden muss, dass die endgültige Wahl des Geschlechtspartners erst in der Adoleszenz (11 bis 16 Jahre) stattfindet. Und die bisherigen Ausführungen zur Psychosexualität des Menschen sollten gezeigt haben, wie komplex und damit auch wie groß die Bandbreite möglicher psychosexueller Entwicklungen sein kann, wobei natürlich im Rahmen der durch die Identifizierung mit beiden Elternteilen bewirkten Bisexualität des Menschen diese einen großen Einfluss auf die Wahl des Sexualpartners ausübt. Und auch wenn die Erfahrung zeigt, dass dies im Regelfall eine heterosexuelle Wahl ist, stellt die homosexuelle Wahl, auch wenn diese der Fortpflanzung nicht dienlich ist, deshalb keine psychische Erkrankung oder Störung dar, was Freud schon 1905 in einer Fußnote:

> *„Die psychoanalytische Forschung widersetzt sich mit aller Entschiedenheit dem Versuche, die Homosexuellen als eine besonders geartete Gruppe von den anderen Menschen ab-*

> *zutrennen. Indem sie auch andere als die manifest kundgegebenen Sexualregungen studiert, erfährt sie, dass alle Menschen der gleichgeschlechtlichen Objektwahl fähig sind und dieselbe auch im Unbewussten vollzogen haben. […] Im Sinne der Psychoanalyse ist also auch das ausschließliche Interesse des Mannes für das Weib ein der Aufklärung bedürftiges Problem und keine Selbstverständlichkeit.“*

zum Ausdruck brachte (Freud 1905, Fußnote 44).

Das heißt, dass letztlich das Unbewusste bzw. die entsprechenden unbewussten Motive über die Wahl des Geschlechtspartners und über die Wahl des Liebesobjekts entscheiden, und so, wie es nicht **die** Heterosexualität gibt, gibt es auch nicht **die** Homosexualität.

Die Differenzierung der Geschlechtsidentität in Kerngeschlechtsidentität, Geschlechtsrollenidentität und Geschlechtspartnerorientierung ermöglichen, auch wenn diese nicht isoliert gedacht werden können und wechselseitig aufeinander einwirken, gleichwohl ein besseres Verständnis der Entwicklung der Geschlechtsidentität und haben darüber hinaus auch klinische Relevanz. Beispielsweise kann eine Frau, die darüber klagt, sexuelle Schwierigkeiten zu haben und keinen geeigneten Partner zu finden, ungeachtet dessen über eine stabile Kerngeschlechtsidentität verfügen.

6.4 Ödipuskomplex

Eine der bedeutendsten Entdeckungen Freuds und noch heute ein zentrales Konzept der Psychoanalyse wird in dem, was Freud in Anlehnung an den griechischen Mythos von Ödipus **Ödipuskomplex** nannte, zusammengefasst.

Ödipus war der Sohn des thebanischen Königs Laios und dessen Frau Iokaste. Laios war vom Orakel zu Delphi geweissagt worden, dass er von seinem eigenen Sohn ermordet werden würde. Als die Königin Iokaste dann tatsächlich einen Sohn gebar, ließ Laios das Kind mit durchbohrten Fersen von Hirten im Kithairon Gebirge aussetzen. Dort wurde Ödipus von den Dienern des Königs von Korinth gefunden, der ihn, da selbst kinderlos, wie einen Sohn aufzog. Zu einem großen und starken jungen Mann herangewachsen, begegnete Ödipus eines Tages in einem Hohlweg ein anderer Wagen, dessen Fahrgast sein leiblicher Vater Laios war. Im Streit, wer von beiden zurückweichen sollte, erschlug Ödipus unwissend (unbewusst) seinen Vater, und da er auf seinem weiteren Weg nach Theben anschließend in der Lage war, das Rätsel der Sphinx zu lösen, die die Stadt Theben bedrohte, erhielt Ödipus zum Dank den Königsthron und ehelichte wiederum unwissentlich (unbewusst) seine eigene Mutter Iokaste. Iokaste und Ödipus lebten viele Jahre glücklich als Ehepaar und bekamen 4 Kinder: Eteokles, Polyneikes, Ismene und Antigone. Eines Tages wurde Ödipus aber doch mit der Wahrheit konfrontiert, gegen die er sich anfangs noch heftig wehrte. Als er sich dieser jedoch nicht mehr entziehen konnte, stach er sich die Augen aus und ging als Bettler, nur von seiner Tochter Antigone begleitet, in die Fremde.

Der griechische Dichter Sophokles stellt in dem entsprechenden Drama Ödipus als hilflos gegenüber seinem Schicksal dar. Diese Hilflosigkeit gegenüber dem Unbewussten und die in dem Mythos beschriebene Dreiecksbeziehung zwischen Vater, Mutter und Kind bewog Freud, die von ihm entdeckte infantile Dreiecksbeziehung, der jedes Kind im Alter zwischen 3 und 6 Jahren ausgeliefert ist, als Ödipuskomplex zu bezeichnen. Im Kern bedeutet diese Dreiecksbeziehung, dass jedes Kind in diesem Alter den andersgeschlechtlichen Elternteil psychosexuell begehrt, von ihm begehrt werden will und den gleichgeschlechtlichen Elternteil als Rivalen erlebt, diesen daher hasst und eigentlich beseitigen möchte.

Für Freud ist dies der sogenannte **positive Ödipuskomplex**. Gleichzeitig aber wird der gleichgeschlechtliche Elternteil ebenfalls geliebt, bewundert und begehrt, und hier ist es der andersgeschlechtliche Elternteil, der stört.

Während die positive Form des Ödipuskomplexes in der Regel viel offensichtlicher auftritt, bleibt die **negative Form** eher im Vorborgenen. Gleichwohl finden beide ihren Ausdruck und sind gleichzeitig vorhanden, woran die zuvor beschriebene Bisexualität einen nicht zu vernachlässigenden Anteil hat.

(Die Benutzung der Adjektive positiv bzw. negativ für diese Beziehungsformen ist dabei nicht wertend gemeint. Aber vielleicht wäre es glücklicher gewesen, für diese beiden Seiten des Ödipuskomplexes die Begriffe heterosexuell bzw. homosexuell zu verwenden).

Die Wahrnehmung jedoch, dass sich die Beziehung der Eltern untereinander von der Beziehung der Eltern zum Kind unterscheidet, führt auf der Seite des Kindes zu Gefühlen des Verlusts, des Ausgeschlossenseins, zu Neid, Eifersucht und Schuldgefühlen.

Und die Aufgabe, diese Konstellation und die damit verbundenen Gefühle auszuhalten, wird unterschiedlich gemeistert, d. h., die entsprechenden Wunden verheilen nie ganz und bilden etwas wie die unbewussten Schablonen menschlichen Erlebens und späterer Beziehungen. Ergänzend zu dieser prinzipiellen und sicher ein wenig abstrakt gehaltenen Darstellung des Ödipuskomplexes muss allerdings noch nachgetragen werden, dass die Entwicklung und das Schicksal des Ödipuskomplexes bei Jungen und Mädchen nicht vollständig symmetrisch verläuft.

Bis zum Beginn der Vorherrschaft der genitalen Impulse und Sensationen gestaltet sich die ödipale Entwicklung von Jungen und Mädchen im Prinzip bisexuell (bis etwa zum Alter von 3 Jahren). Erst danach stellen sich aufgrund der Verschiedenheit der Anatomie und der genitalen Empfindungen bei Jungen und Mädchen unterschiedliche Bedürfnisse, Impulse und Fantasien ein, sodass die ödipale Entwicklung nur noch bedingt symmetrisch verläuft.

Der Junge wendet sich auf der Suche nach einer Öffnung, die seinen Penis aufnehmen kann, verstärkt seiner Mutter zu. Damit verbunden stellt sich der Wunsch ein, den Vater bei der Mutter zu ersetzen, was aber wiederum bedeutet, sich mit dem Vater zu identifizieren, so groß und stark wie dieser zu sein. D. h., der Junge möchte nicht mehr länger ein von der Mutter geliebtes und abhängiges Baby sein, sondern er will ihr als kleiner Mann imponieren und eine exklusive Beziehung zu ihr unterhalten. Dies setzt aber voraus, dass er seine bisherige Identifizierung mit der Mutter aufgibt. Doch nicht nur das ödipale Verlangen, den Vater bei der Mutter zu ersetzen, stimuliert sein Bedürfnis, sich mit dem Vater zu identifizieren, sondern auch die homosexuelle Seite des Ödipuskomplexes, also seine Liebe zum Vater und seine Bewunderung des Vaters, seiner Fähigkeiten, Stärke und Macht.

Oft kommt es in dieser Phase zu einer verstärkten genitalen Selbstbefriedigung, begleitet von entsprechenden Fantasien, die aber wiederum nur in verkleideter bzw. zensierter Form geträumt werden können.

Denn der Wunsch, den Vater zu beseitigen, weckt eine Reihe von Vergeltungsängsten. Dazu gehört u. a. die zentrale Angst, sein Vater könnte ihm den Penis abschneiden (wie auf symbolische Weise dem Daumenlutscher im Struwwelpeter). Und die Tatsache, dass es weibliche Wesen ohne Penis gibt, bestärkt seine Angst und lässt ihn glauben, dass z. B. seine Mutter oder auch Schwester solche kastrierten Wesen sind. Freud nannte diese Angst entsprechend **Kastrationsangst,** und sie stellt Jungen eine Aufgabe, die nicht leicht zu lösen ist.

Zwar trägt die Aufgabe, die Kastrationsangst zu bewältigen, mit dazu bei, dass der Junge in die Lage versetzt wird, die Mutter als Liebesobjekt aufzugeben und sich in der äußeren Welt ein Ersatzobjekt zu suchen, aber eine ungenügende Bewältigung kann dazu führen, dass Frauen nicht begehrt werden können oder unbewusst als beschädigt, minderwertig (ohne Penis) fantasiert werden. Oder sie beschädigt die Entwicklung einer sicheren männlichen Identität, was dazu führen kann, dass im späteren Leben entweder überzogen rivalisiert wird (beispielsweise mit jedem Vorgesetzten) oder eben gar nicht rivalisiert wird, usw.

Bei der ödipalen Entwicklung des kleinen Mädchens stellt sich zunächst die zentrale Frage, aufgrund welcher Faktoren Mädchen bereit sind, die Mutter als erstes und primäres Liebesobjekt aufzugeben und sich stattdessen dem Vater zuzuwenden.

Für Freud war dies keine Selbstverständlichkeit. Er vermutete daher, dass ein Grund für die Hinwendung des kleinen Mädchens zum Vater mit der Enttäuschung des Mädchens, keinen Penis zu besitzen, zu tun hat, wofür das kleine Mädchen wiederum die Mutter verantwortlich macht und sich so dem Vater zuwendet, verbunden mit der Hoffnung, von ihm ein Kind zu empfangen, als Ersatz für den verloren geglaubten Penis. Freud war allerdings nicht bekannt, dass Mädchen schon sehr früh, ausgelöst durch die entsprechenden vaginalen Empfindungen, eine Ahnung oder ein Wissen über ihre Vagina haben, also über eine Öffnung mit einem dahinterliegenden Raum, in den etwas Erregendes aufgenommen werden kann. Eine Fantasie, die auch im Rahmen der Masturbation eine Rolle spielt. Und dieses bewusst/unbewusste Wissen in Verbindung mit den entsprechenden genitalen Fantasien wird wiederum heute doch als der Hauptgrund für die Hinwendung zum Vater betrachtet.

Gleichwohl bleibt die Beziehung zur Mutter bestehen und der Konflikt zwischen der Liebe, die für die Mutter weiterhin empfunden wird, und dem Hass und Neid, der sich daraus ergibt, dass die Mutter als Rivalin erlebt wird, kann die Entwicklung des Selbstwertgefühls des Mädchens doch sehr beeinträchtigen.

Denn für die Entwicklung eines stabilen Selbstwertgefühls bleibt es für das Mädchen trotz aller Rivalität wichtig, sich im Besitz einer liebevollen inneren Mutter fühlen zu können. Dies erlaubt ihr, die äußere Beziehung zur Mutter im Laufe der Entwicklung zu lockern, ohne um den Verlust der inneren Mutter fürchten zu müssen.

In der Bewältigung dieser Aufgabe kann das Verhalten des Vaters wiederum sehr helfen. Seine Bewunderung stärkt ihren Stolz und ihr Selbstwertgefühl. Ignoriert er aber stattdessen seine Tochter, evtl. aus Angst vor seinen eigenen Gefühlen, oder verhält er sich eher zu verführerisch, kann dies die Entwicklung des Selbstwertgefühls und einer stabilen Geschlechtsidentität sehr stören.

Auch die Auflösung des Ödipuskomplexes, also die Suche nach einem eigenen Liebesobjekt in der äußeren Welt, kann dadurch erschwert werden. Dazu gehört auch das Anerkennen und Aushalten, dass Mutter und Vater eine eigene Beziehung haben, aus der das Mädchen ausgeschlossen wird. Kann dies nicht ertragen werden, bildet sich im Unbewussten evtl. die Fantasie, nicht die Mutter, sondern das Mädchen sei die eigentliche und bevorzugte Partnerin des Vaters (ödipale Illusion). Ebenso wie bei Jungen bleibt die Bewältigung des Ödipuskomplexes auch bei Mädchen eine lebenslange Aufgabe. Die Angst zu rivalisieren oder ein Übermaß an Rivalität hängen sicher mit diesem unbewussten Komplex zusammen. Ebenso auch die Fähigkeit, stabile Beziehungen einzugehen, und die damit verbundene Angst vor Abhängigkeit.

Melanie Klein geht davon aus, *„dass der Wunsch nach einer sexuellen Beziehung zu einem Elternteil niemals vollständig verloren geht, sondern im Unbewussten aktiv bleibt und in späteren sexuellen Beziehungen zum Ausdruck kommt. Die Lösung des Ödipuskomplexes geschieht nicht dadurch, dass das Kind seine sexuellen Absichten bezüglich der Eltern fallen lässt, sondern dass es trotz seiner eigenen sexuellen Wünsche unbewusst seinen Eltern das ausschließliche Vorrecht auf eine gute Sexualbeziehung miteinander zugesteht.“* (Caper 2000, S. 221)

6.5 Schlussbemerkung

In den vorhergehenden Ausführungen zur Entwicklung der menschlichen Psychosexualität wurde versucht, deutlich zu machen, dass, wenngleich es eine biologische Disposition der Sexualität gibt, die eigentliche Ausgestaltung der Psychosexualität und der sexuellen Erregung ihren Ursprung in den lustvollen Erfahrungen hat, die sich dem Säugling in den frühen Beziehungen zu seinen Pflegepersonen erschließen.

Das heißt, es sind die bewussten und vor allem unbewussten Fantasien, die diese lustvollen Erfahrungen begleiten, die das psychische Leben des Menschen strukturieren, und nicht die Biologie oder die Natur.

Und die Entwicklung dieser unbewussten Fantasien, die also unter anderem das ausmachen, was unter der menschlichen Sexualität verstanden wird, ist, von den ersten sinnlichen Erfahrungen des Säuglings bis hin zu dem Sexualleben des Erwachsenen, keine einfache Angelegenheit, sondern eine komplexe und auch zutiefst traumatische.

Denn die vielen psychischen Konflikte, die sich im Entwicklungsverlauf aus dem Widerstreit der unbewussten Wünsche und Bedürfnisse untereinander, aber auch gegenüber den Zwängen der Außenwelt ergeben, beginnen mit der ersten sinnlichen Beziehung zur bedürfnisbefriedigenden und auch Lust spendenden Mutter.

Und die allmählich sich durchsetzende Einsicht, dass die begehrte Mutter kein Teil des eigenen Selbst ist, sondern ein getrenntes Wesen, mit eigenen Absichten und Bedürfnissen, lässt im Säugling intensivste Gefühle von Frustration, Wut und Hass entstehen. Die Glückseligkeit dagegen liegt in der Aufhebung des Unterschieds zwischen dem Selbst und der Mutter.

Der erzwungenen Anerkennung der Getrenntheit von Selbst und Objekt folgt die ebenfalls traumatische Entdeckung des Unterschieds zwischen den Geschlechtern. Tatsächlich möchte jedes Kind die geheimnisvollen Geschlechtsorgane und die fantasiebesetzte Macht sowohl des Vaters wie auch der Mutter besitzen, und die Notwendigkeit, sich mit der biologischen Eingeschlechtlichkeit abzufinden stellt eine der schwersten narzisstischen Kränkungen des kindlichen Größenwahns dar.

Diese Kränkung des kindlichen Größenwahns erfährt weitere Komplikationen durch die Anforderung, mit der ödipalen Krise in ihrer homosexuellen wie heterosexuellen Dimension fertigzuwerden, also der Unmöglichkeit, sexuell auch nur einen von beiden Eltern besitzen zu können.

Der Weg zur Entwicklung einer erwachsenen Sexualität ist also wahrlich kein einfacher und höchst anfällig für Störungen. Und die Vielgestaltigkeit der vor allem unbewussten tauglichen und weniger tauglichen Lösungen, die als Antwort auf die mannigfaltigen und widersprüchlichen Bedürfnisse im Entwicklungsverlauf gefunden werden und die so die unbewussten Schablonen menschlichen Erlebens und Verhaltens darstellen, kennt keine Grenzen.

Es ist daher äußerst schwierig, von einer normalen Sexualität zu sprechen, wenn so unklar ist, was man unter einer normalen Sexualität verstehen kann und was gegebenenfalls als eine Perversion oder auch Sucht zu gelten hat.

Schon 1905 bemerkte Sigmund Freud dazu, dass er durch die außerordentliche Verbreitung der Perversionen, so wie sie zu jener Zeit verstanden wurden, zu der Annahme gedrängt werde, dass die Anlage zu den Perversionen keine seltene Besonderheit, sondern ein Stück der für normal geltenden Konstitution sein müsste.

Diese freudsche Position wird auch heute noch von der Mehrheit der Psychoanalytiker geteilt und viele plädieren dafür, den Begriff Perversion sehr viel eingeschränkter zu verwenden als üblich.

Psychische Symptome sind leidvolle Versuche zur Selbstheilung. Und das gilt auch für sexuelle Symptome, d. h., dass das, was einem äußeren Beobachter oberflächlich betrachtet vielleicht als die mehr oder weniger normale Suche nach Lust und sexueller Befriedigung imponieren mag, in Wahrheit vielleicht ganz anderen Zwecken dient und für diese anderen Zwecke nur eine Art Transportmittel zur Verfügung stellt.

So kann eine sexuelle Symptomatik zur Abwehr von Angst, Einsamkeit oder Abhängigkeit dienen, aber auch der Selbstberuhigung, der narzisstischen Befriedigung oder auch der Verschaffung eines Größenselbst. Wenn das wesentliche Ziel der sexuellen Symptomatik darin besteht, eine Lösung aus unerträglichen Gefühlszuständen zu finden, indem zum Beispiel der sexuellen Handlung die Macht zugeschrieben wird, Angst oder das Gefühl, innerlich tot zu sein, magisch beseitigen zu können, kann tatsächlich von einer süchtigen Symptomatik gesprochen werden. Dient die sexuelle Symptomatik dagegen der Abfuhr von Hass, mit dem Ziel oder der unbewussten Fantasie, den anderen zu verletzen oder zu demütigen, darf schon eher von einer perversen Symptomatik der erotischen Form von Hass gesprochen werden (Stoller 1998).

Aber wie auch immer, die menschliche Psychosexualität ist komplex und nicht homogen. Ihr inneres Wesen ist infantil, und es gibt keine vorgegebene Entwicklungsrichtung. Und sie besitzt für das menschliche Fühlen, Denken und Handeln einen zentralen Wert.

6.6 Und was ist mit der Liebe?

Bei all diesen Erkenntnissen zur Entwicklung der Psychosexualität stellt sich natürlich auch die Frage nach der Beziehung zwischen Liebe und Sexualität. Und obwohl jedes Individuum irgendwann in seinem Leben einmal Liebe erfahren hat und daher für die Literatur zum Beispiel ein zentrales Thema ist, fällt es der Wissenschaft und eben auch der Psychoanalyse nicht leicht, diese Frage analytisch, also ganz unromantisch zu beantworten.

Die ersten Menschen, die der Liebe Worte verliehen, waren, soweit bekannt ist, die Ägypter, die bereits vor 3500 Jahren berührende Liebesgedichte verfassten, wie z. B. das Folgende:

> *„Sieben Tage sah ich die Schwester nicht, Krankheit hat mich befallen. Mein Herz wird schwer. Ich habe mich selbst vergessen."* (Bergmann 1994, S. 18)

Aber es war Platon, der 400 Jahre vor Christus zeigte, dass Liebe auf einem Gefühl des Mangels beruht, auf Begehren und Sehnsucht. Und er führte in seinem Symposium *„Das Gastmahl"* den Gedanken ein, dass die Liebe von einem Wunsch nach Vereinigung getragen wird. So lässt Platon den Aristophanes argumentieren, dass die Urmenschen ehemals kugelrund waren, einen doppelgesichtigen Kopf, 4 Arme und 4 Beine besaßen, und dass diese Wesen entweder ausschließlich männlich, weiblich oder gemischt geschlechtlich waren. Aber diese Wesen waren von Zeus als Strafe für ihren Hochmut jeweils in 2 Teile gespalten, mit nur noch einem Gesicht, 2 Armen und 2 Beinen, und so dazu verurteilt, der Sehnsucht nach dem jeweils abgetrennten Teil ausgesetzt zu sein.

Das Liebesverlangen sei also den Menschen angeboren, es habe zum Ziel, das Getrenntsein wieder aufzuheben und so die menschliche Natur zu heilen.

Sigmund Freud war von diesem platonischen Mythos sehr beeindruckt. Er selbst tat sich eher schwer damit, das Phänomen Liebe zu erklären. Eine vollständige und unter Psychoanalytikern unbestrittene Theorie der Liebe besitzt die Psychoanalyse bis heute nicht. Freud meinte dazu, dass wer eine Definition der Liebe suche, sich an die Dichter und Philosophen wenden solle. Gleichwohl hat Freud doch sehr Wesentliches zum Verständnis der Liebe beigetragen.

Zunächst einmal gab Freud Platons Mythos insofern eine konkrete Gestalt, als dass Freud erkannte, dass das Liebesbedürfnis und die Fähigkeit zu lieben in der frühesten Kindheit wurzeln und sehr viel mit der langen Phase der Hilflosigkeit des Säuglings und des Kleinkindes zu tun haben.

In dieser Phase der Kindheit ist der Mensch physisch wie auch psychisch existenziell auf die ihn versorgenden Personen, im Regelfall die Mutter und später auch der Vater, angewiesen. Ihre Anwesenheit gibt dem Kleinkind das lebenswichtige Gefühl von Sicherheit und Geborgenheit. Ihre Abwesenheit dagegen lässt ihn, wenn er zum Beispiel Hunger verspürt, verzweifeln. Aus dem Wechsel von Anwesenheit und Abwesenheit erwächst das Gefühl der Sehnsucht. Gleichzeitig mit dieser physischen und psychischen Versorgung geschieht aber noch etwas Anderes.

Denn zum Beispiel mit dem Gestilltwerden an der Brust wird nicht nur das Bedürfnis nach Nahrung befriedigt, sondern es ist auch eine Quelle der sinnlichen Lust, die über kurz oder lang dazu bestimmt ist, sexuelle Lust zu werden.

Mit dieser Entdeckung gelang es Freud, Sehnsucht und Begehren miteinander zu verbinden, sie in einem gemeinsamen Haus unterzubringen, was nicht heißt, dass sie sich nicht auch wieder trennen können, und in diesem Punkt war Freud eher pessimistisch, da die Sexualität dazu neige, sich immer neue Partner zu suchen, und somit die Menschen vor der Wahl ständen, entweder auf die Stabilität und Dauer ihrer grundlegendsten Beziehung zu verzichten oder eben auf die volle sexuelle Genussfähigkeit.

Für Freud ist es daher unvermeidlich und durchaus normal, dass das Kleinkind die Eltern zu Objekten seiner ersten Liebeswahl macht. Und jede spätere Liebeswahl folgt unbewusst und mehr oder wenig verschlüsselt diesen verinnerlichten Mustern.

Die Suche nach einem Liebesobjekt stellt für Freud damit die Suche nach dem ursprünglichen Liebesobjekt dar, und Objektfindung ist eigentlich eine Wiederfindung. Aber auf dem Weg zu einer erwachsenen Liebesfähigkeit gibt es viele Stolpersteine, denn zu lieben heißt Risiken einzugehen und bedeutet sich verletzlich zu machen.

7 WEITERE ZENTRALE ELEMENTE DER PSYCHOANALYTISCHEN THEORIE UND PRAXIS

7.1 Vorbemerkung

In diesem Kapitel werden weitere Elemente der psychoanalytischen Theorie vorgestellt. Die Auswahl erscheint evtl. recht willkürlich, denn die hier vorgestellten Elemente stellen natürlich nur eine Untermenge dar. Gleichwohl findet die getroffene Auswahl insofern ihre Berechtigung, als dass die Auswahl einmal hinsichtlich des Verständnisses der folgenden Kapitel als notwendig, aber auch als ausreichend erscheint. Und zum anderen haben die ausgewählten Elemente im gesellschaftlichen Diskurs ihren populären Niederschlag gefunden, aber allzu oft doch sehr verkürzt oder aber der Beitrag der Psychoanalyse ist nicht bekannt.

7.2 Neid

Neid ist ein sehr unangenehmes, manchmal quälendes Gefühl, das jeder kennt. Auch scheint es zu keiner Zeit eine neidfreie Kultur oder Gesellschaft gegeben zu haben. Neid entsteht im Rahmen der Feststellung, dass ein anderer etwas besitzt, was man selbst nicht besitzt. Dies kann ein materielles Gut sein wie Geld, Haus, Auto usw. und/oder auch ein nicht materielles Gut wie Aussehen, Liebe, Anerkennung, Aufmerksamkeit, aber auch Großzügigkeit und Freundlichkeit. Es gibt eigentlich nichts, das nicht auch Anlass zu Neid geben kann. Neid äußert sich in der Regel als eine giftige, nagende innere Stimme, die in der Lage ist, das innere Gleichgewicht zu zerstören bzw. das innere Klima zu vergiften, und nicht einmal dann zur Ruhe kommt, wenn der Anlass beseitigt oder zerstört ist.

Neid kann aber nicht nur die Psyche des Neiders vergiften, sondern z. B. in Form von Angst vor dem Neid der Anderen bis hin zur Verfolgungsangst auch die Psyche des Beneideten angreifen, also für den Neider als auch den Beneideten eine krankmachende Wirkung entfalten. Hinzu kommt, dass wegen seines zerstörerischen und missgünstigen Potenzials Neid in allen Kulturen geächtet wird und daher das Individuum oder auch die Gruppe, die gerade von Neid geplagt wird, diesen vor den anderen und vor sich selbst verbergen muss, sodass die Handlung, die der Neid gleichwohl auszulösen vermag, durch andere, anscheinend berechtigte Umstände verteidigt wird. (Neid zählt in der christlichen Religion zu den 7 Todsünden.)

Neben diesem zerstörerischen Neid, der auch als destruktiver Neid bezeichnet wird, gibt es aber ebenso den sogenannten konstruktiven Neid, der zwar auch als unangenehm erlebt wird, jedoch keine destruktiven Fantasien oder Handlungen auslöst, weil einmal dem Beneideten aus Zuneigung das Gut gegönnt werden kann, die dem Neid zugrunde liegende Ungleichheit (an z. B. Fähigkeiten) anerkannt werden kann oder aber der Neider dazu motiviert wird, sich durch eigene Leistungen ebenfalls in den Besitz der erwünschten Güter zu bringen bzw. den Beneideten ggf. noch zu übertreffen.

Das Hauptinteresse hier gilt allerdings dem destruktiven Neid und dessen Auswirkungen. Denn auch der konstruktive Neid kann als ein psychisch umgewandelter destruktiver Neid verstanden werden, d. h., beide Neidformen entspringen den gleichen psychischen Quellen.

Ein kurzer, sehr selektiver und sprunghafter Streifzug durch die Kulturgeschichte unterstreicht die Bedeutung des menschlichen Neides. So lässt der griechische Dichter Homer (ca. 800 v. Chr.) in seiner Odyssee die Gattin des Odysseus nach dessen Rückkehr sagen:

„Die Götter gaben uns Trübsal, weil sie es uns missgönnten, uns ungetrennt beieinander, unserer Jugend zu freuen und so gemeinsam zu altern." (Decher 2005, S. 21)

Der griechische Philosoph Herodot (ca. 490–430 v. Chr.) wiederum formulierte: *„Der Gott lässt die Bäume nicht in den Himmel wachsen. So kann auch ein großes Heer von einem kleinen geschlagen werden, wenn ihm der neidische Gott durch einen Donnerschlag oder sonst wie einen Schrecken einjagt, und elend zugrunde gehen."* (Decher, 2005, S. 20)

Für Aristoteles (384–322 v. Chr.), Lehrer von Alexander dem Großen, ist Neid eine Unlustempfindung, die sich einstellt, wenn man bei anderen Glück hinsichtlich bestimmter Güter wahrnimmt, wobei der Neid sich nicht deshalb regt, weil auch wir diese Güter besitzen möchten, sondern einzig allein aus dem Grund, weil der Andere in ihrem Besitz ist oder sich ihrer erfreut.

Der bedeutende französische Philosoph René Descartes (1596–1650) wiederum beklagt, dass es kein Laster gibt, das so sehr einer glücklichen Verfassung des Menschen schadet wie der Neid. Er meint weiter, dass bei dauerhaftem Neid dieser zu einer gelb/schwarz gemischten Gesichtsfarbe führen würde.

Bei Immanuel Kant (1724–1804) gehören Neid und Schadenfreude zur Naturausstattung des Menschen, wobei der Neider sich über das Wohlergehen anderer gräme und es ihnen missgönne. Für Kant hat der Mensch zwar eine naturgegebene Neigung, sich zu vergesellschaften, er habe aber auch einen großen Hang zur Vereinzelung, zur Ungeselligkeit.

„Und ohne jene an sich zwar eben nicht liebenswürdige Eigenschaften der Ungeselligkeit, woraus der Widerstand entspringt, den jeder bei seinen selbstsüchtigen Anmaßungen nothwendig antreffen muß, würden in einem arkadischen Schäferleben bei vollkommener Eintracht, Genügsamkeit

und Wechselliebe alle Talente auf ewig in ihren Keimen verborgen bleiben: die Menschen gutartig wie die Schafe, die sie weiden, würden ihrem Dasein kaum einen größeren Werth verschaffen, als dieses ihr Hausvieh hat; sie würden das Leere der Schöpfung in Ansehung ihres Zwecks, als vernünftige Natur, nicht ausfüllen. Dank sei also der Natur für die Unvertragsamkeit, für die mißgünstig wetteifernde Eitelkeit, für die nicht zu befriedigende Begierde zum Haben oder auch zum Herrschen! Ohne sie würden alle vortreffliche Naturanlagen in der Menschheit ewig unentwickelt schlummern. Der Mensch will Eintracht; aber die Natur weiß besser, was für seine Gattung gut ist: sie will Zwietracht. Er will gemächlich und vergnügt leben: die Natur will aber, er soll aus der Lässigkeit und unthätigen Genügsamkeit hinaus sich in Arbeit und Mühseligkeiten stürzen, um dagegen auch Mittel auszufinden, sich klüglich wiederum aus den letzteren heraus zu ziehen." (Kant 1923, S. 19)

Kant behauptet also, dass von Beginn an zwei gegensätzliche Kräfte den Menschen leiten. Nebenbei bemerkt, erinnert diese kantsche Auffassung, dass zwei gegensätzliche Kräfte den Menschen antreiben, doch sehr an Freuds in Kap. 2 vorgestellte duale Triebtheorie.

Schließlich soll noch Schopenhauer (1788–1860) erwähnt werden, für den Neid und Schadenfreude ebenfalls zur Naturausstattung des Menschen gehören, und beide Eigenschaften können für ihn leicht zu Bosheit und Grausamkeit führen.

Eine sehr umfangreiche Behandlung des Themas Neid findet sich in dem 1966 erschienenen Standardwerk „*Der Neid und die Gesellschaft*" des Soziologen Helmut Schoeck.

In seinem Werk zeigt Schoeck sehr deutlich, welch große Rolle der Neid in den verschiedensten Kulturen und auf allen Entwicklungsstufen der Menschheit spielt. So berichtet Schoeck von den Navaho, dem größten erhaltenen Indianer-Stamm in den USA, dass diese keinen Begriff dafür haben, was bei uns etwa dem „persönlichen Erfolg" oder „seiner Leistung" oder auch Pech oder Glück entsprechen würde. Wer aber dann trotzdem nach ihren Begriffen reich geworden ist, kann es nur auf Kosten der anderen geworden sein, weswegen sich die besser gestellten Navaho dauernd unter dem sozialen Druck fühlen, verschwenderisch zu sein und Geschenke zu verteilen.

Bei den Siriono, einem Stamm, der in Gruppen von 15 bis 25 Menschen ein äußerst dürftiges Leben führt, wird der Jäger aus Angst vor dem Neid der anderen seine Beute heimlich verstecken, mit Zeichen der Niedergeschlagenheit zurückkehren und erst nachts das Versteck aufsuchen, um das erledigte Tier heimlich zu verzehren.

In einigen dieser Stammesgesellschaften muss daher, also aus Angst, Neid könnte zu Auseinandersetzungen innerhalb der Gesellschaft führen, jeder individuelle wirtschaftliche Aufstieg oder Fortschritt unterbleiben. Dazu passt auch das Sprichwort, dass der Prophet im eigenen Land nichts gilt. Schoeck vertritt schließlich folgende Auffassung:

> *„Fast der gesamte Aberglauben läßt sich in seiner Dynamik aus eben dieser Angst vor dem Neid ableiten und als ein gegen den Neid gerichtetes System der rituellen Umweltkontrolle deuten. Es steckt tief angelegt in jedem von uns, ziemlich unabhängig von der jeweiligen Kultur und ihrer zivilisatorischen Höhe. Man kann das demonstrieren: Man schildert einem anderen eine Situation des Glückes, der Bestätigung der Gesundheit, eines fast erreichten Erfolges usw. und bittet ihn, sich in diese Lage hineinzudenken. Die nächste Frage ist dann: und was möchten sie jetzt sofort am liebsten tun? Fast immer heißt es: Ich berühre Holz oder mache dies oder jenes Zeichen. Wenn man dann weiter forscht und rekonstruieren läßt, weshalb er das tut, so stoßen die meisten, manchmal zum ersten Mal in ihrem Leben, auf die Furcht vor dem Neid des anonymen Anderen, die damit beschwichtigt werden soll.“* (Schoeck, 1980, S. 142).

Ein besonders eindrucksvolles Beispiel aus der Literatur findet sich nach Schoeck in L. P. Hartleys utopischem Roman *„Fa-*

cial Justice". In diesem Roman wird eine Gesellschaft geschildert, deren oberster Wert die Neidvermeidung ist. Dazu gehört u. a. auch, dass alle Menschen das gleiche Beta-Gesicht besitzen sollten. Jael, die Heldin des Romans, wiederum sieht dies nicht ein, insbesondere, dass Menschen, die besser aussehen oder gescheiter als andere sind, dem Neider zuliebe sich entindividualisieren sollten.

Schoeck schreibt dazu:

> *„Liest man ‚Facial Justice' aufmerksam, so ergibt sich ein Katalog all der menschlichen Eigenschaften, mit deren neiderregender Wirkung sich die Sozialingenieure eines Gemeinwesens beschäftigen müssen, in dem alles so egalisiert worden ist, dass nur noch die physischen und geistigen Unterschiede bei den einzelnen Bürgern Anlass zu Unbehagen geben. Jael mit ihrem Alpha-Gesicht wird offiziell mitgeteilt, all die Beschwerden über sie beim Ministerium für Antlitzgleichheit kämen von Geschlechtsgenossinnen: ‚Eine Frau beschwerte sich darüber, daß sie einige Nächte lang nicht schlafen konnte, weil sie an meine langen Wimpern denken mußte. Sie bohrten sich in sie, behauptete sie.'*
> *Leider gab es aber auch Snobs unter den Trägern der Beta-Gesichter: die damit geboren hielten sich für besser als die Leute, denen erst die kosmetische Chirurgie das Jedermannsgesicht verliehen hatte. Der Bruder Jaels, ein Musterbürokrat des Regimes, rügt Jaels Weigerung, sich ihres Alpha-Gesichtes entkleiden zu lassen. Auf ihre Äußerung, es sei schließlich ‚ihr eigenes Gesicht', faucht er:*
> *‚Du hast kein Recht auf irgendetwas, das möglicherweise im Herzen eines Mitbürgers Neid erwecken kann.' Jael wirft ein, man könne ein hübsches Gesicht beispielsweise auch als Quelle der Freude bei anderen betrachten. Der Bruder erwidert: nein, du mußt immer noch den Neid in jenen bedenken, die sich darüber ärgern, daß dein Gesicht – und nicht ihres – einigen Betrachtern Freude ausgelöst hat." (Schoeck, 1980, Seite 178)*

Ein vorläufiges Fazit zum Thema Neid zieht Schoeck auf Seite 273 seines Buches:

> *„Der Umfang und die Tiefe des Neides in der menschlichen Existenz sollten aus der vorausgegangenen Darstellung ersichtlich sein. Fast alle Autoren haben in den Aussagen über ihn nicht nur Recht gehabt, sondern eine verbindlichere Wahrheit gesehen, als sie es von ihren partikularen Gesichtsfeldern aus ahnen konnten. Der Neid ist unentrinnbar, unerbittlich, unversöhnlich, reibt sich an den geringsten Unterschieden, hängt nicht vom Ausmaß der Ungleichheiten ab, wirkt am ärgsten zwischen sozial nahestehenden oder verwandten Menschen, gibt allen sozialen Revolutionen ihre Dynamik, kann aber aus sich heraus keine revolutionäre Programmatik begründen."*

Die bisherigen Ausführungen dürften die Bedeutung des Neids für das Seelenleben des Menschen deutlich gemacht haben. Entsprechend groß ist der Stellenwert, den der Neid in der heutigen Psychoanalyse einnimmt.

Dabei sind es insbesondere zwei Entdeckungen der Psychoanalyse, die das Verständnis um die Ursachen und die Auswirkungen des Neides doch wesentlich erweitert haben.

Dies betrifft einmal die Erkenntnis, dass Neid, wenn auch in der Regel als bewusstes Phänomen beschrieben, gleichwohl im Unbewussten wurzelt und erst von dort aus und häufig genug auch nur eingeschränkt bewusst werden kann.

Und zum anderen hat die Psychoanalyse das Wissen um die Methoden bzw. Abwehrmechanismen, mit denen das Bewusstsein vor dem Gewahrwerden des quälenden und verbotenen Neidgefühls geschützt werden soll, erweitert und damit zusammenhängend die unter Umständen auch krankmachenden Auswirkungen des Zusammenspiels von Neid und Abwehr einem besseren Verständnis zugeführt.

Insbesondere die englische Psychoanalytikerin Melanie Klein (Klein 1994) ist der Auffassung, dass Neid (primärer Neid) schon sehr früh, also von Geburt an eine Rolle spielt und die frühesten Erfahrungen des Säuglings beeinflusst.

Allerdings gilt dies auch umgekehrt, d. h., so wie der Neid die Wahrnehmung der äußeren Erfahrungen beeinflusst, beeinflussen diese wiederum auch das Schicksal bzw. die weitere Entwicklung des Neides.

Der frühe bzw. primäre Neid stellt dabei eine Reaktion auf die Wahrnehmung dar, dass es ein Objekt in der äußeren Welt gibt, das in der Lage ist, den Säugling zu versorgen bzw. seinen Hunger zu stillen, d. h., da der daraus entstehende Neid sich quasi gegen die Quelle des Lebens (also das „gute", den Säugling versorgende Objekt) richtet, stellt er in diesem Sinn eine Manifestation des Todestriebs dar.

Diese Erkenntnis der Psychoanalyse findet eine Bestätigung in dem von Schoeck zitierten Sprichwort *„Je mehr man dem Neidhart Gutes thut, desto schlimmer wird er"*. (Schoeck 1980, S. 23). Schoeck schreibt dazu weiter, dass der Neider durchaus bereit sein kann, sich selbst, bis hin zum Selbstmord, zu schaden, wenn damit dem Beneideten ein Leid zugefügt werden kann.

Die wesentlichen Abwehrmethoden gegen die unbewusste also auch bewusste Wahrnehmung des quälenden Neidgefühls sind die Entwertung, Idealisierung, Identifizierung und Projektion. Bei der **Entwertung** werden die Eigenschaften oder Leistungen des Anderen, oder auch die Güter, die der Andere besitzt und um die er beneidet wird, in der Fantasie entwertet, sodass die Gründe für den Neid entfallen. Das große Auto, das der Nachbar fährt, taugt nichts („Der will nur angeben, ich brauche so etwas nicht, außerdem ist es unökologisch"). Wer Erfolg hat, hat dies nur über Beziehungen oder mithilfe des Einsatzes von unschönen Methoden oder auch Betrug erreicht, Großzügigkeit wird als Angeberei betrachtet usw.

Der Neid, der sich hinter diesen Entwertungsfantasien verbirgt, ist insbesondere dann nicht leicht zu erkennen, wenn sich nicht berechtigte, also von Neid getriebene Einwände mit berechtigten Einwänden mischen.

Die **Idealisierung** wiederum wehrt die Wahrnehmung des Neidgefühls durch die Idealisierung des Beneideten ab, d. h., der Beneidete wird erhöht, sodass es unmöglich ist, sich mit ihm zu vergleichen oder zu messen. Der Beneidete wird nicht mehr beneidet, sondern bewundert oder auch vergöttert, ihm steht daher zu, was er besitzt.

Bei der Abwehr des Neidgefühls durch die **Identifizierung** gelingt die Abwehr dadurch, dass in der unbewussten Fantasie des Neiders dieser mit dem Beneideten geradezu verschmilzt. Sein Erfolg ist auch mein Erfolg, d. h. wir sind eins, und es gibt daher keinen Grund, neidisch zu sein. Die Ausprägung dieser unbewussten Fantasie kann daher von einer nahezu totalen Verschmelzung, wo nicht mehr zwischen Subjekt und Objekt unterschieden werden kann, bis hin zu einer milden Verschmelzung bzw. der Übernahme (Kopie) der bewunderten Eigenschaften (Selbst und Objekt werden weiterhin als getrennt wahrgenommen) in die eigene Selbstvorstellung reichen. Wobei im Rahmen dieser letzteren Form der Identifizierung und mithilfe der Zuneigung, die dem Beneideten entgegengebracht wird, das Neidgefühl evtl. dann doch bewusst und auch ertragen wird.

Schließlich führt auch die **Projektion** des Neids (nicht ich bin neidisch, er ist es) dazu, dass das Individuum sich nicht mehr als neidisch erlebt, sich aber dafür von neidischen und destruktiven Anderen umgeben fühlt.

Neben dem Mechanismus der Entwertung kommt insbesondere der Projektion eine große Bedeutung zu, denn dieser Mechanismus kann zu beträchtlichen strukturellen Veränderungen in der inneren Welt des Individuums führen. Einmal, indem der Neid zunächst auf ein inneres Objekt projiziert und von dort aus (Externalisierung) in die äußere Welt kommt, oder aber der Neid wird direkt auf ein äußeres Objekt projiziert und findet dann über den Weg der Introjektion wieder zurück in die innere Welt des Individuums.

Als ein Ergebnis dieser Vorgänge, auf welchem Weg auch immer, kann sich ein sogenanntes neidisches inneres Objekt bzw.

neidisches Über-Ich bilden. Ein Über-Ich also, das dazu neigt, dem Selbst bzw. Individuum nichts zu gönnen, jeden Erfolg des Individuums mit Neid zu begleiten, sodass Erfolge Schuldgefühle auslösen bzw. im Extremfall sich das Selbst geradezu permanent destruktiven Angriffen ausgesetzt fühlt, was wiederum zu schweren psychischen Erkrankungen führen kann.

Übertriebene bzw. nicht angemessene Schuldgefühle sind somit nicht unbedingt, wie üblicherweise angenommen, das Resultat einer strengen Erziehung, was auch schon von Schoeck beobachtet wurde.

> *„Wer sich mit der Angst und Furcht verschiedener Naturvölker vertraut macht, einem Gefühl, das diese Menschen immer befällt, wenn sie Glück gehabt haben, wer dabei die oft ungemein laxe Erziehung dieser Menschen kennt, wird kaum in einer überstrengen elterlichen Erziehung die Hauptursache des schlechten Gewissens über Glück und Freude sehen. Vielmehr handelt es sich hier um eine Urangst des Menschen, die aus dem Erlebnis des Neides anderer rührt. Sie hat mit der jeweiligen Kultur und Gesellschaftsform oder mit dem Typ der Erziehung wenig zu tun. Sie kann von diesen zwar verstärkt oder abgeschwächt werden. Die puritanischen, strengen Eltern können durch ihre Äußerungen und Wertvorbilder bei Kindern solche Schuldgefühle auslösen, intensivieren und fixieren, sind aber selber dabei nur die Opfer der eigenen Neidangst. Und wenn wir diese wiederum lediglich auf die strengen Eltern der Eltern zurückzuführen, kämen wir zu einem unendlichen Regreß.“* (Schoeck 1980, S. 142)

Dass allerdings die von Schoeck beschriebene Urangst bzw. Neidangst weniger etwas Gegebenes ist, sondern das Resultat der unbewussten Projektionen des eigenen Neides (bzw. im allgemeineren Sinn des Todestriebes), ist eine Erkenntnis, die erst durch die Psychoanalyse gewonnen wurde.

Wobei gleichwohl berücksichtigt werden muss, dass es sich bei dieser Angst vor dem Neid der Anderen bzw. des Über-Ichs in der Regel um eine Vermischung von Angst auf Basis des projizierten Neides und berechtigter Angst ist, sodass es von außen betrachtet mitunter nicht einfach ist, angeben zu können, welche Quelle in welchem Ausmaß für die beobachtete Angst verantwortlich ist.

Neid lässt sich also nicht vermeiden und häufig genug auch schlecht kontrollieren und das Letztere insbesondere dann, wenn der Neid unbewusst abgewehrt wird und somit nicht wahrgenommen werden kann. Wenn zusätzlich das psychische Potenzial, Gefühle aushalten zu können, nur ungenügend ausgebildet ist, kann dies zu ernsthaften psychischen Erkrankungen führen.

7.3 Eifersucht

Mit dem Begriff Eifersucht wird ein sehr schmerzhaftes, auch quälendes Gefühl bezeichnet, das immer dann auftreten kann, wenn ein anderer Mensch, für den Liebe, Zuneigung oder Wertschätzung empfunden wird und von dem das Individuum wiederum selbst geliebt, anerkannt oder wertgeschätzt werden möchte, aber in dieser Erwartung (eingebildet oder tatsächlich) enttäuscht wird, und stattdessen einem Dritten die Aufmerksamkeit und Zuneigung geschenkt wird (eingebildet oder tatsächlich), die das Individuum doch für sich selbst erhofft hat. Die Eifersucht richtet sich dann gegen diesen Dritten und kann mit intensivsten Gefühlen von Hass verbunden sein.

Die typische Eifersuchtssituation von Erwachsenen und Heranwachsenden besteht somit aus einem Paar und einem Dritten, wobei ein Partner des Paares mit diesem Dritten flirtet oder Vertraulichkeiten austauscht, sodass sich der andere Partner des Paares ausgeschlossen fühlt und die Paarbeziehung als gefährdet bzw. sich in seiner bewussten/unbewussten Selbstwahrnehmung als beschädigt erlebt.

Die typische Eifersuchtssituation von Kindern entsteht zwangsläufig im Rahmen der Geburt eines Geschwisters oder ganz allgemein immer auch dann, wenn sie das Gefühl haben, aus der Beziehung der Eltern untereinander ausgeschlossen zu sein.

Während also Neid im Rahmen einer Zweierbeziehung erlebt wird, ein anderer um etwas beneidet wird, tritt Eifersucht im Rahmen einer Dreierbeziehung auf. Aber ebenfalls wie Neid kann Eifersucht nicht nur bewusst, sondern auch unbewusst erlebt werden und unbewusst bleiben, d. h. auch der durch die Eifersucht geweckte Hass auf den Dritten bleibt unbewusst. Eventuell wird der Hass auf den Dritten aber auch bewusst wahrgenommen, während der Grund für diesen Hass wiederum nicht erkannt wird bzw. andere Gründe, sogenannte Rationalisierungen, vorgeschoben werden. Verantwortlich dafür sind die schon zuvor vorgestellten unbewusst operierenden Abwehrmechanismen wie Projektion, Verdrängung, Identifizierung usw.

Im Falle der Projektion z. B. wird die Eifersucht auf den Partner verschoben (nicht ich bin eifersüchtig, er ist es), sodass dem Partner dann die Eifersucht unterstellt wird, die eigentlich selbst empfunden wird, aber zu schmerzhaft ist, als dass diese ertragen werden kann. Im Umgang mit der Eifersucht wird daher in der Regel auf diejenigen psychischen Lösungen zurückgegriffen, die das entsprechende Individuum im Rahmen der Bewältigung oder Nichtbewältigung des Ödipuskomplexes für sich gefunden hat; denn der Ödipuskomplex stellt in gewisser Weise die ursprüngliche Szene dar, in der Eifersucht und das Gefühl des Ausgeschlossenseins intensivst erlebt wird.

Des Weiteren lässt sich nicht leicht bestimmen, bis zu welchem Grad Eifersucht als angemessen und normal zu betrachten ist, und ab wann Eifersucht als überzogen bzw. schon als krankhaft (bis hin zum Eifersuchtswahn) zu gelten hat, insbesondere dann, wenn es keinen wirklichen Grund zur Eifersucht gibt. Das entsprechende literarische Beispiel dazu findet sich in Shakespeares Drama Othello, in dem Othello aus unbegründeter Eifersucht seine Ehefrau Desdemona tötet.

Um die krankhafte Form der Eifersucht zu verstehen, macht es Sinn, sich noch einmal die Elemente, aus denen die Eifersucht sich zusammensetzt, anzuschauen. Da ist zunächst einmal die quälende Angst, den Geliebten oder die Geliebte an einen Dritten zu verlieren. Sollte dies dann tatsächlich eintreten oder als eingetreten fantasiert werden, führt der vermeintliche oder tatsächliche Verlust dazu, dass die Angst vor Verlust in Schmerz über den Verlust umgewandelt wird. Des Weiteren wird der Hass auf den Dritten (Rivalen) und eventuell auch auf den untreuen Partner dadurch weiter intensiviert. Gleichzeitig erlebt (überwiegend unbewusst) das eifersüchtige Individuum durch diese Situation, also der Gefahr, dass der Partner an einen Dritten verloren gehen könnte oder dass ein Dritter vorgezogen wird, eine Beschädigung seiner Selbsteinschätzung bzw. seines Selbstwertgefühls (siehe Narzissmus). Und je geringer oder konflikthafter das unbewusste Selbstwertgefühl ausgeprägt ist, umso bedrohlicher wird die Situation erlebt und umso heftiger stellt sich Eifersucht ein. Auch weil dadurch die noch nicht verheilten Wunden des Ödipuskomplexes berührt werden bzw. diese dadurch ggf. erneut aufbrechen.

Und für Menschen, die über ein sehr unsicheres Selbstwertgefühl verfügen, weil sie in ihrer inneren Welt ihr Selbst bzw. die Vorstellung davon als beschädigt, also zum Beispiel als beschämt, kastriert, der Lächerlichkeit preisgegeben wahrnehmen, stellt die Bedrohung ihrer Beziehung durch einen Dritten ggf. eine geradezu psychisch existenzielle Bedrohung dar.

Eine der unbewussten Methoden zur Abwehr des mit der Vorstellung eines beschädigten Selbst verbundenen psychischen Schmerzes besteht in der Überhöhung des Bedürfnisses, von anderen, insbesondere natürlich vom Partner, geliebt bzw. bewundert zu werden. D. h., für diese Menschen ist es weniger wichtig zu lieben, als selbst geliebt bzw. bewundert zu werden, weil damit die Vorstellung verbunden ist, dass auf diese Weise die unbewusst als beschädigt erlebte Selbstvorstellung kaschiert werden kann.

Denn jemand, der geliebt und bewundert wird, kann doch nicht lächerlich sein. Weitere Komplikationen können sich zu diesem Sachverhalt einstellen, wenn z. B. das erotische Begehren nicht dem Partner, sondern dem Dritten gilt, dies aber gleichzeitig durch das Über-Ich als verboten gilt (beispielsweise im Rahmen homoerotischer Wünsche), was zu einer zusätzlichen Bedrohung der Selbstvorstellung führt. Daher muss ein solches Begehren unbedingt abgewehrt werden, indem es zum Beispiel auf den Partner projiziert wird, also diesem unterstellt wird, was schließlich zu wahnhaften Vorstellungen führen kann, wo also nicht mehr zwischen Selbst- und Objektvorstellung unterschieden werden kann.

7.4 Narzissmus

Alltagspsychologisch steht der Ausdruck **Narzissmus** im weitesten Sinne für die überzogene Selbstverliebtheit eines Menschen. Und ein Mensch, der auf diese überzogene Weise in sich selbst verliebt ist bzw. sich selbst bewundert, während Andere von diesem Menschen geringgeschätzt oder auch entwertet werden, gilt als ein **Narzisst**, d.h. Narzissmus wird alltagspsychologisch als etwas Negatives bis Krankhaftes betrachtet. In der Psychoanalyse wird allerdings zwischen einem gesunden oder auch normalen Narzissmus und einem eher pathologischen Narzissmus unterschieden.

Der Begriff selbst, also für die pathologische Form des Narzissmus geht zurück auf den zur griechischen Mythologie gehörenden Mythos von Narziss. In seinen „*Metamorphosen*" berichtet der antike Dichter Ovid, dass Narziss, ein Sohn der Nymphe Liriope und des Flussgotts Kephisos, als ein wunderschöner Jüngling galt. In ihn verliebte sich die Nymphe Echo. Narziss aber verschmähte ihre Werbung und auch die anderer Liebhaber, bis einer dieser tief enttäuschten Liebhaber vom Himmel sich erflehte: „*So soll er selbst auch lieben, so nicht den Geliebten gewinnen.*"

Als Narziss nun einmal, ermattet von der Jagd, seinen Durst mithilfe einer spiegelglatten Quelle zu löschen versuchte, erblickte er, während er sich über das Ufer beugte, in der Quelle das Antlitz eines wunderschönen Jünglings, in den sich Narziss, nicht ahnend, dass er in sein Spiegelbild schaute, unsterblich verliebte. Von solcher Tiefe war Narziss Verliebtheit in sein eigenes Spiegelbild, dass er starb, als er die Aussichtslosigkeit seines Verlangens erkannte. Denn Narziss wurde durch etwas gebannt, von dem er subjektiv glaubte, dass es ein Liebesobjekt sei, das jedoch objektiv ein idealisierter Aspekt seines eigenen Selbst war. Er glaubte verliebt zu sein, aber er erlitt den Hungertod, weil er sich nicht abwenden konnte, zu einem realen Objekt hin, von dem er vielleicht das hätte erhalten können, was er wirklich benötigte.

Und es heißt weiter, dass sein Leib sich nach seinem Tod in eine Blume, die Narzisse, verwandelte.

In Anlehnung an diesen antiken Mythos bezeichnete Freud in seiner Schrift *„Zur Einführung des Narzissmus"* (Freud 1914), in der Freud das psychoanalytische Konzept des Narzissmus formulierte, die Liebe zu sich selbst als narzisstische Liebe, wo der Andere nur geliebt wird (auch erotisch), um sich in ihm spiegeln zu können, als eine Art applaudierendes Publikum, oder, weil man sich mithilfe des Anderen größer machen kann, als man ist („Deine Erfolge sind meine Erfolge").

Aber schon zu Lebzeiten Freuds wurde das Konzept in unterschiedliche Richtungen erweitert bzw. weiterentwickelt, wozu auch die zuvor schon erwähnte Unterscheidung zwischen der gesunden Form und der pathologischen Form des Narzissmus gehört.

Zur Darstellung des Narzissmuskonzeptes, wie dieses heute im Prinzip von der freudianisch-kleinianisch ausgerichteten Psychoanalyse verstanden wird, wird hier auf das schon in Kap. 5.1 eingeführte Konzept der Vorstellungswelt (Sander und Rosenblatt 1984) zurückgegriffen.

In Kap. 5.1 wurde ausgeführt, das in der inneren Welt des Individuums neben der Selbstvorstellung, also der bewussten und unbewussten Gestalt, in der sich das Individuum aktuell erlebt, noch ein sogenanntes Selbstideal existiert, eine überwiegend unbewusste Vorstellung von sich, wie das Individuum im

Idealfall eigentlich sein möchte oder auch sein sollte, also groß, mächtig, klug, schön, überlegen usw., um ihm ein Höchstmaß an Sicherheit, Wohlbehagen und Befriedigung zu gewähren.

Der konkrete Inhalt (bewusst und unbewusst) dieses Selbstideals ergibt sich aus

» den Forderungen geliebter, bewunderter und gefürchteter Objektvorstellungen (z. B. der Eltern),
» den an den Objekten wahrgenommenen, aber für sich erhofften Eigenschaften dieser Objekte,
» den früheren Selbstidealen, die einmal als sehr befriedigend erlebt wurden,
» dem Wissen über die Realität und der eigenen Grenzen und Fähigkeiten,
» den Anforderungen der Triebwünsche und
» schließlich den Anforderungen der inneren Objekte bzw. des Über-Ichs.

Nimmt nun das Individuum zwischen der aktuellen Selbstvorstellung und dem Selbstideal eine zu große Diskrepanz wahr, stellt diese eine Störung des psychischen Gleichgewichts dar, was ggf. zu psychischem Schmerz bzw. zu einer psychischen, evtl. narzisstischen Erkrankung führen kann.

Im Idealfall besteht die innere Welt des Individuums aus einer Selbstvorstellung, die ziemlich realistisch ist, aus einem Selbstideal, über das nachgedacht werden kann und dessen Anforderungen sich mehr oder weniger an den tatsächlichen Möglichkeiten des Individuums orientieren, einem Über-Ich, das nicht nur kritisch, sondern auch als stützend und haltgebend erlebt wird, sowie der Fähigkeit, den Schmerz, der im Rahmen von mehr oder weniger normalen Störungen des psychischen Gleichgewichts auftritt, auszuhalten bzw. über die Situation nachzudenken.

Eine solche Konfiguration der inneren Welt eines Individuums, wo das Individuum über ein ausreichendes und realistisches Selbstwertgefühl bzw. Selbsteinschätzung, Maß an Sicherheit bzw. Urvertrauen verfügt, stellt also im Prinzip das dar, was unter einem gesunden Narzissmus verstanden werden kann.

Dass aber eine solche Ausgestaltung der inneren Welt eines Individuums keine Selbstverständlichkeit ist, machen schon die zahlreichen, anspruchsvollen und störanfälligen Quellen des Selbstideals klar. Erlebt sich beispielsweise das Selbst als ungenügend, weil es den hohen tatsächlichen oder fantasierten Anforderungen der Eltern (bzw. der Elternvorstellungen) oder auch des Über-Ichs nicht gerecht werden kann, ergibt sich zwangsläufig eine nicht leicht zu überbrückende Kluft zwischen Selbst und Selbstideal.

Eine solche Kluft entsteht auch dann, wenn das Selbstideal mit sich selbst in Konflikt ist, wenn dieses also widersprüchliche Anforderungen in sich vereinigt hat, z. B. wenn die tatsächlichen oder auch fantasierten Anforderungen von Vater und Mutter sich widersprechen.

Die Methoden, mit denen das Individuum versucht, diese Diskrepanz zu überbrücken, um damit den Schmerz zu beseitigen bzw. das psychische Gleichgewicht wiederherzustellen, sind vielfältig.

Eine Methode besteht beispielsweise darin, ein sogenanntes narzisstisches Größen-Selbst (grandioses Selbst) zu entwickeln, d. h., das Selbst als größer (stärker, schöner, klüger usw.) zu fantasieren, als es tatsächlich oder auch fantasiert ist.

Ein Mensch mit einem solch grandiosen Selbst (bzw. Selbstvorstellung) ist in der Illusion gefangen, nichts und niemanden zu brauchen, und hat daher große Schwierigkeiten, sich auf realistische Beziehungen zu anderen einzulassen, denn jemanden zu lieben birgt die Gefahr, durch die Anerkennung, dass der Andere Bedeutung hat, verletzt oder auch verlassen zu werden.

Auch Neid stellt eine sehr schmerzhafte Störung des psychischen Gleichgewichts dar, und eine der Methoden, den damit verbundenen bewussten bzw. unbewussten psychischen Schmerz abzuwehren, besteht häufig darin, die Anderen und das, um das diese Anderen beneidet werden, zu entwerten und zu verderben, während das eigene Selbst und auch der empfundene Mangel erhöht bzw. idealisiert werden.

Neid und Narzissmus (pathologischer Narzissmus) stellen damit zwei Seiten einer Medaille dar, wobei die narzisstische Seite die Abwehrreaktion auf den empfundenen Neid darstellt.

Ein anderer Weg, den Neid abzuwehren oder auch ganz allgemein die Diskrepanz zwischen Selbst und Selbstideal aufzulösen, besteht darin, die als schmerzhaft empfundene Trennung zwischen dem beneideten oder bewunderten Anderen (bzw. den Vorstellungen von diesem, die wiederum zum Inhalt des Selbstideals gehören) durch den Mechanismus der projektiven Identifizierung aufzuheben, sodass sich das Selbst als mit dem idealisierten Anderen im Rahmen einer sogenannten **narzisstischen Beziehung** als verschmolzen erlebt.

Aber auch in einer solchen Situation wird der Andere nicht um seiner selbst willen geliebt, sondern nur als Zweck.

Im realen Leben sind die Grenzen zwischen gesundem und pathologischem Narzissmus natürlich fließend und selbst der *„gesündeste“* Mensch verfügt mehr oder weniger über ein gewisses Maß an überzogenem Narzissmus.

Und erst wenn dieser überzogene Narzissmus ein dauerhaftes Persönlichkeits- oder auch Charaktermerkmal darstellt, unter dem zumindest andere leiden, stellt dies eine Art pathologischen Narzissmus dar.

7.5 Freie Assoziation

Die Methode des **freien Assoziierens** oder auch der **freien Einfälle** entwickelte Sigmund Freud im Rahmen seiner psychoanalytischen Behandlung von Patienten.

Freud entdeckte, dass zwischen den oft unverständlichen und manchmal auch verwirrenden Äußerungen seiner Patienten ein Zusammenhang zu deren Krankheitsproblematik bestand, sodass Freud schließlich die Theorie formulieren konnte, dass ein großer Teil dessen, was ein Mensch tut, sagt oder denkt, durch unbewusste Gedanken, Wünsche, Empfindungen und Fantasien bestimmt wird, die aber, da diese häufig für das konkrete Individuum einen anstößigen Inhalt haben, unbewusst bleiben bzw. abgewehrt werden müssen. Durch das freie Assoziieren aber, also das unzensierte Aussprechen aller Einfälle und Empfindungen, die sich zu einem Thema, einer Sache oder auch einem Gedanken einstellen, ergibt sich über die so vorgebrachte Assoziationskette ggf. eine Spur, die zur unbewussten Quelle führt.

7.6 Traum und Traumdeutung

Die Deutung der nächtlichen Träume stellte für Freud (Freud 1900) den Königsweg in die unbewusste Gedanken-, Gefühls- und Fantasiewelt des Menschen dar.

Aber auch wenn in der heutigen Psychoanalyse die Traumdeutung diese besondere Rolle verloren hat, bleibt sie ein wichtiges Element zur Aufdeckung unbewusster Gedanken und Wünsche.

Dass Träume eine unbekannte psychische Bedeutung besitzen können, haben schon viele Dichter und Philosophen vor Freud vermutet.

Doch erst Freud gelang der entsprechende Nachweis durch die Erarbeitung einer systematischen Methode zur Entschlüsselung des Traums.

Dabei entdeckte Freud, dass jeder Traum die Erfüllung eines unbewussten Wunsches darstellt.

Inzwischen hat die neurowissenschaftliche Forschung zur Funktion des Träumens ergeben (Sandler 2003), dass die REM-Schlafphase (charakterisiert durch schnelle Augenbewegungen), in der sich der größte Teil des Träumens abspielt, für die Wahrnehmung der psychischen Gesundheit unverzichtbar zu sein scheint und dass den Träumen eine Art Problemlösungsfunktion zugewiesen werden kann, was im Grunde als eine Bestätigung von Freuds These betrachtet werden kann, denn der unbewusste Wunsch, der im Traum als erfüllt dargestellt wird, entstammt letztlich immer einer konflikthaften inneren Situation, z. B. zwischen Liebe und Hass.

Zur Entschlüsselung der Träume aber, also was sich hinter dem, was als Traum erinnert wird, verbirgt, hat die neurowissenschaftliche Forschung allerdings bis jetzt wenig beitragen können.

Daher kann für das Verständnis der menschlichen Träume auf die Anwendung der entsprechenden psychoanalytischen Methode nach wie vor nicht verzichtet werden.

Im Rahmen dieser Methode unterschied Freud zwischen dem **manifesten Trauminhalt**, also dem eigentlichen Traum bzw. dem, was der Träumer erinnert, und den **latenten Traumgedanken**, der eigentlichen Bedeutung des Traumes.

Die latenten Traumgedanken beinhalten in der Regel unerlaubte, anstößige Wünsche, die im Rahmen des manifesten Trauminhalts auf stark verzerrte oder zensierte Weise als erfüllt dargestellt werden. So wird in der inneren Welt des Träumers eine Art psychisches Gleichgewicht hergestellt, sodass der Schlaf des Träumers nicht unterbrochen wird. Die Verschlüsselung der latenten Traumgedanken in den manifesten Trauminhalt ist Aufgabe der sogenannten **Traumarbeit**.

Der Inhalt der latenten Traumgedanken bzw. die entsprechenden Auslöser entstammen verschiedenen Quellen.

Da sind einmal die **Tagesreste**, also in der Regel Ereignisse und Erlebnisse der letzten Tage, die den Träumer besonders berührt und bewegt haben und in der Regel noch nicht ganz verarbeitet sind, wobei dem Träumer dies nicht unbedingt bewusst sein muss oder diese Ereignisse vielleicht sogar als trivial eingeordnet wurden.

Die zweite Quelle stellen die nächtlichen Sinneseindrücke dar, die fortwährend auf den Schläfer einwirken und so zur Bildung der latenten Traumgedanken beitragen können.

Das Schrillen eines Weckers, Hunger, Durst oder auch der Drang zum Urinieren können entsprechende Wünsche auslösen, z. B. dass der Schläfer noch nicht aufstehen muss.

Doch die Hauptquelle für die Bildung der latenten Traumgedanken stellen die unbewussten Triebwünsche dar, die als verboten und anstößig gelten, daher verdrängt bzw. abgewehrt wurden, gleichwohl aber nach wie vor auf Befriedigung drängen und damit für das psychische Gleichgewicht sowie auch für den Schlaf eine Gefahr darstellen.

Der zuvor schon vorgestellten psychischen Instanz Ich fällt nun die Aufgabe zu, im Rahmen der Traumarbeit die verbal repräsentierten unbewussten Traumgedanken in die anschaulichen, visuellen und bewussten Traumbilder des manifesten Trauminhalts umzuwandeln, wobei dies auf eine Weise zu geschehen hat, dass einerseits für das Bewusstsein der Sinn bzw. die Bedeutung der Traumgedanken nicht zu erkennen ist, aber gleichzeitig die darin verborgenen Wünsche auf halluzinatorische Weise als erfüllt dargestellt werden können.

Dazu bedient sich das Ich einer Reihe von spezifischen Techniken.

Zu diesen Techniken gehört einmal die **Verdichtung**. Unter Verdichtung wird die Verschmelzung mehrerer Gedanken, Empfindungen, Wünsche und Fantasien zu einem Bild verstanden. So stellen z. B. die fantastischen Figuren der griechischen Mythologie wie die Sphinx, die Kentauren, die Nymphen usw. entsprechende Verdichtungen dar.

Verdichtungen können somit bewirken, dass mehrere für den Träumer bedeutsame Personen zu einer Mischgestalt verdichtet werden, dass eine Schwester mit der Stimme der Mutter spricht usw.

Die Fähigkeit der Traumarbeit die latenten Traumgedanken zu verdichten, ist enorm, und es ist tatsächlich keine leichte Aufgabe, diese Verdichtungen mithilfe der Assoziationen des Träumers wieder zu entflechten.

Das Gleiche gilt für die Technik der **Verschiebung**.

Die wesentliche Funktion der Verschiebung besteht in der Verlagerung des Bedeutsamen. Orte, Gegenstände, Handlungen, Empfindungen und Personen, sie alle können verschoben werden, d. h., dass ein Gefühl oder ein Wunsch des Träumers im manifesten Trauminhalt einer ganz anderen Person untergeschoben wird. Daraus folgt, dass oft das, was im manifesten Trauminhalt als unwichtig oder trivial erscheint, tatsächlich aber ggf. die größte Bedeutung besitzen kann.

Ein weiterer Mechanismus zur Verschlüsselung der Traumgedanken stellt die **Symbolisierung** dar.

Symbole stellen eine Art kultur- und generationenübergreifende universelle Sprache dar, d. h., sie verbinden Gedanken miteinander, die irgendetwas gemeinsam haben, obwohl dies nicht immer leicht zu erkennen ist. Die einfachsten Symbole beziehen sich auf den Körper und dessen Funktionen bzw. stellen Körperteile und die damit zusammenhängenden Funktionen dar. Beispielsweise gibt es eine Vielzahl von Symbolen, die einen erigierten Penis darstellen, wie Hammer, Schwert, Speer, Sonne, Flamme usw.

Aber auch wenn die Anzahl der verwendeten Symbole sehr groß ist, so ist ihre Bedeutung doch wiederum recht begrenzt, d. h., neben dem Körper und dessen Funktionen, die repräsentiert werden, sind es vor allem Personen des Umfelds, insbesondere Familienmitglieder, Geburt und Tod. Und aus der Fülle der möglichen Symbole wählt jeder Träumer eine für ihn typische Untermenge aus, die dann quasi eine Art psychischen Fingerabdruck darstellt, sodass dann manchmal die latenten Traumgedanken mehr oder weniger aufgrund der im manifesten Trauminhalt vorkommenden Symbole entschlüsselt werden können, wozu es allerdings einiger Erfahrung bedarf.

In der Regel steht Waser oder das Eintauchen in Wasser für Schwangerschaft und Geburt, aber auch die Mutter sowie der Tod können auf diese Weise symbolisiert werden. Würmer und Insekten, jedoch ebenso Regen repräsentieren oft den männlichen Samen und die Schwängerung. Gebäude symbolisieren den Körper und dessen Öffnungen, aber auch die Familie. Die Vagina wird häufig als Muschel, Blütenkelch oder auch Grotte dargestellt. Rhythmische Bewegungen wiederum können den Geschlechtsverkehr symbolisieren, und Geld oder Reichtum wird oft als Kot dargestellt. Aber noch einmal, auch wenn Symbole eine große Allgemeingültigkeit besitzen, so gilt dennoch, dass die im manifesten Trauminhalt vorkommenden Symbole auf eine sehr persönliche Weise vom jeweiligen Träumer Verwendung finden.

Schließlich muss noch die **sekundäre Bearbeitung** als Teil der Traumarbeit erwähnt werden. Es handelt sich dabei um eine Art redaktioneller Bearbeitung, mit der die durch Verdichtung,

Verschiebung und Symbolisierung verschlüsselten bzw. entstellten Traumgedanken nachträglich bearbeitet werden, um dem Resultat dieser Verschlüsselungen, also dem manifesten Trauminhalt, auf diese Weise doch noch eine Fassade logischer und zeitlicher Struktur zu geben, wodurch dem Trauminhalt eine gewisse Verständlichkeit verliehen wird, die aber tatsächlich für eine zusätzliche Verschleierung der eigentlichen unbewussten Bedeutung sorgt. Und schließlich kann ein Traum bzw. der manifeste Trauminhalt als eine Art Kompromissleistung zwischen unterschiedlichen und widersprüchlichen Wünschen und Bedürfnissen verstanden werden.

Nun gibt es aber eine Gruppe von Träumen, die der These, dass in jedem Traum bzw. dem manifesten Trauminhalt unbewusste Wünsche als erfüllt dargestellt werden, zu widersprechen scheint. Und zwar sind dies die sogenannten Angstträume, also Träume, die große Ängste auslösen und sogar dazu führen können, dass der Schlaf unterbrochen wird. Dieser Widerspruch ist aber bloß ein scheinbarer, denn der Hauptgrund für diese Angstträume besteht darin, dass die zugrunde liegenden verbotenen Triebwünsche durch die Traumarbeit nur unzureichend entstellt bzw. zensiert wurden und damit für das bewusste Ich des Träumers als sehr gefährlich erlebt werden, da deren Erfüllung in der inneren Welt des Träumers mit schlimmen Strafen wie z. B. Liebesverlust oder auch Kastration verbunden ist. Andere Angstträume basieren auf latenten Traumgedanken, die ganz unmittelbar aus gravierenden Schuldgefühlen stammende Strafbedürfnisse repräsentieren, und dass deren unzureichende Entstellung Ängste auslösen, ist offensichtlich. Schließlich gibt es noch die Klasse der sogenannten Albträume, die sich durch ständige Wiederholungen auszeichnen, und auch hier handelt es sich um unbewältigte Konflikte, deren Entstellung nur unzureichend gelingt. Einige dieser Albträume beruhen allerdings auf einem traumatischen Erlebnis, und wenngleich vermutet wird, dass bei dieser Gruppe von Träumen der jeweilige Traum als Versuch zu verstehen ist, die mit der Erinnerung an das traumatische Erlebnis verbundene Angst durchzuarbeiten, so muss doch festgehalten werden, dass die an diesen Träumen beteiligten Mechanismen tatsächlich noch nicht ausreichend verstanden wurden (Sandler 2003).

Bei der **Traumdeutung** geht es nun darum, diese Verschlüsselungen und Entstellungen der latenten Traumgedanken wieder rückgängig zu machen, d. h., im manifesten Trauminhalt die verborgenen Traumgedanken aufzuspüren. Und dies ist im Prinzip nur mithilfe der freien Assoziationen des Träumers möglich, d. h., der Träumer lässt seinen Gedanken zu allen Teilen des erinnerten Traums (manifester Trauminhalt) freien Lauf und spricht aus, was ihm dazu einfällt. Auf diese Weise ergibt sich ggf. eine Gedankenkette, nicht auf geradem Weg, sondern eher über viele Umwege, die vom Trauminhalt zu den dahinter verborgenen Traumgedanken führt, denn durch die Technik der freien Assoziation, also dem Aussprechen der freien Einfälle, so wie diese sich einstellen, wird die innere Zensur teilweise suspendiert.

Ohne das Wissen um die Techniken der Traumarbeit aber, also um Symbolisierung, Verschiebung und Verdichtung, würde die Aufgabe gleichwohl nicht zu lösen sein, denn wenn auch im Rahmen der freien Assoziationen die innere Zensur partiell umgangen werden kann, so ist diese doch nicht ausgeschaltet, denn schon die Auswahl des ersten Traumelements, zu dem assoziiert wird, ist sicher nicht zufällig, und es ist sicher nicht unwichtig zu wissen, dass das unbedeutendste Traumelement evtl. die relevantesten Traumgedanken zum Ausdruck bringt. Und insbesondere das Wissen um die Symbolisierung bzw. die individuell bevorzugte Symbolisierung kann dazu beitragen, dass Träume versuchsweise allein auf dieser Basis gedeutet werden können.

Zum Abschluss sollen noch ein kurzer Traum und dessen teilweise Deutung vorgestellt werden. Der Traum wurde im Rahmen einer psychoanalytischen Behandlung von einem beruflich recht erfolgreichen männlichen Patienten geträumt. Dazu muss noch nachgetragen werden, dass im Rahmen einer psychoanalytischen Behandlung die Behandlung selbst einen permanenten Tagesrest darstellt und dass wegen der Bedeutung, die der Analytiker im Laufe einer solchen Behandlung für den Patienten gewinnt, nahezu alle unbewussten Wünsche und Konflikte auf die Beziehung zum Analytiker übertragen bzw. in der Beziehung zum Analytiker auf verzerrte Weise in Szene gesetzt werden (siehe dazu Kap. 8.2).

Der Patient träumte also, dass ihm ein Finanzberater wertlose Aktien oder Zertifikate verkaufte, sodass er einen Anwalt einschaltete. Weiter träumte er, dass eine Frau, die er aber im Traum als wenig attraktiv erlebte, ihm verfallen gewesen sei und versucht habe, ihn zu verführen. Der Traum wurde in der Nacht vor der ersten Behandlungsstunde nach einer 3-wöchigen Behandlungspause geträumt. Der Patient begann seine Assoziationen damit, dass er am Tag zuvor einen wichtigen Kunden besucht habe. Er schilderte diesen Kunden als sehr mächtig, als einen, der große Pläne habe und seinen Umsatz in wenigen Jahren verdoppeln wolle. Der Patient klagte darüber, dass er sich von diesem Kunden sehr abhängig fühle und daher in den privaten Gesprächen mit diesem Kunden immer dazu neige, sich zu unterwerfen. Später kam der Patient darauf zu sprechen, wie sehr er immer Helden, insbesondere im Sport bewundert habe. Während seiner Schulzeit hätten die meisten Mädchen immer für die Sportler unter den Mitschülern geschwärmt. Er selbst habe nicht dazugehört.

Im Laufe der schon länger andauernden Behandlung hatten Psychoanalytiker und Patient schon einige Einsichten in die unbewussten Wünsche und Konflikte gewinnen können. Dazu gehörte auch, dass der Patient große Schwierigkeiten hat, Hassgefühle anzuerkennen. Der Analytiker deutete nun, dass der Patient sich einmal durch die Behandlungspause im Stich gelassen fühle und dass er unter anderem deshalb die Deutungen des Analytikers als faule und wertlose Papiere erlebe, da diese ihn nicht zu dem Helden und Frauenverführer, übermächtig und potent, machten, der er gern sein wolle. Stattdessen habe er den Eindruck, der Analytiker reklamiere eine solche Rolle für sich selbst und sehe auf den Patienten herab, sei dabei aber gleichzeitig neidisch auf die finanziellen Möglichkeiten des Patienten. Und es falle dem Patienten sehr schwer, diese seine Fantasien anzusprechen, da er fürchte, der Analytiker könnte ihn sonst fallen lassen.

7.7 Fehlleistungen

In der Psychoanalyse wird unter einer Fehlleistung eine Handlung oder Absicht verstanden, deren Ausführung aufgrund unbewusster Konflikte misslingt. Zu diesen Fehlleistungen gehören Versprecher, Vergessen, Vergreifen und vieles andere mehr (Freud 1904). Fehlleistungen stellen wie Träume oder auch Symptome in der Regel Kompromissleistungen zwischen unbewussten Absichten (Wünsche, Gedanken, Gefühle, Fantasien) und bewussten Absichten (Wünsche, Gedanken, Gefühle, Fantasien) dar.

Dazu ein einfaches Beispiel:

Der Vorsitzende eines Sportvereins fürchtet sich vor der bevorstehenden Hauptversammlung, die wegen eines kontroversen Themas heikel werden könnte. Obwohl seine gesellschaftliche Stellung eigentlich gesichert ist und dieses Amt nur ein Ehrenamt ist, macht ihm das Ganze doch sehr zu schaffen. Als er schließlich die Versammlung eröffnen will, erklärt er stattdessen, dass hiermit die Versammlung geschlossen sei. Vordergründig lässt sich diese Fehlleistung leicht verstehen, gleichwohl lassen sich die Gründe für das Ausmaß der Befürchtungen des Vorsitzenden nur im Unbewussten finden.

Ein komplexeres Beispiel stammt aus der psychoanalytischen Behandlungspraxis. Auf dem Weg zu einer psychoanalytischen Behandlungsstunde muss der männliche Patient sein Auto auf einem öffentlichen Parkplatz parken. Beim rückwärts Einparken stößt der Patient, ein erfahrener Autofahrer, mit dem Heck des Wagens gegen ein anderes Fahrzeug und beschädigt dessen Scheinwerfer. In der nächsten Stunde, die aktuelle Stunde fiel wegen des Unfalls aus, schildert der Patient den Hergang des Unfalls seiner Analytikerin. Die anschließenden Einfälle des Patienten lassen die Analytikerin deuten (der Patient liegt auf der Couch, und die Analytikerin sitzt hinter ihm), dass der Rückwärtsstoß doch wahrscheinlich ihr gegolten hätte. Sie überlässt es dabei dem Patienten, darüber nachzudenken, in welcher Absicht der Stoß sie hätte treffen sollen.

8 PSYCHOANALYSE ALS THERAPIE

8.1 Psychische Erkrankungen

Das Hauptanwendungsgebiet der Psychoanalyse besteht in der Therapie psychischer Erkrankungen. Dies ist auch der Hintergrund, auf dem sich die psychoanalytische Theorie und Praxis entwickelt haben und stellt überdies heute noch das Feld dar, auf dem analytische Theorien sich bewähren müssen und durch das neue Theorien, neue Einsichten gewonnen werden. In der Psychiatrie werden psychische Erkrankungen in der Regel nach ihrer Symptomatik, also dem Erscheinungsbild klassifiziert. Dies gilt zum Teil auch für die Psychoanalyse. Daneben und eigentlich übergeordnet geht es in der Psychoanalyse aber um die Betrachtung der psychischen Ursächlichkeit der Erkrankung bzw. Störung, denn ein und dieselbe Ursache kann zu unterschiedlichsten Symptomen führen, und darüber hinaus gibt es nicht die eine psychische Ursache. Im Prinzip liegen jeder psychischen Erkrankung unbewusste Konflikte zugrunde, und Symptome stellen die entsprechenden Kompromisslösungen dar. Und einer der basalen Konflikte, der zu psychischen Erkrankungen führt, besteht in dem Konflikt zwischen Liebe und Hass. Damit zusammenhängend, zum Teil aber auch unabhängig davon, stellen die Impulse, mit den primären Objekten wie Mutter und Vater zu verschmelzen bzw. sich von ihnen zu differenzieren (trennen), einen weiteren primären Konflikt dar. Konflikte und deren Lösungen können zu mehr oder weniger schweren Strukturproblemen in der inneren Welt des Individuums führen. Beispielsweise kann das Ergebnis eines Konflikts im Zusammenhang mit unbewusstem Neid zu einem überstrengen, geradezu sadistischem Über-Ich führen, verbunden mit zum Teil schweren psychischen Erkrankungen wie z. B. einer schweren Depression. Insbesondere im Kontext der paranoid-schizoiden

Position bzw. Funktionsweise, in der, um das Gute zu schützen, die innere und äußere Welt in Gut und Böse gespalten wird, kann es aufgrund innerer Faktoren (z. B. ungenügender Frustrationstoleranz gegenüber normalen Versagungen) oder äußeren Faktoren (z. B. unzureichende, lieblose Versorgung) zu pathologischen Spaltungen und den damit verbundenen Strukturen kommen, die dann wiederum Dispositionen für z. B. spätere psychotische Erkrankungen darstellen.

Auf Basis der psychoanalytischen Konflikttheorie werden psychische Erkrankungen gleichwohl in 3 Hauptgruppen, mit fließenden Grenzen, unterteilt.

Neurotische Erkrankungen (Angststörungen, Phobien, Zwangsstörungen, neurotische Depression usw.) ergeben sich in der Regel aus Konflikten im Kontext des Ödipuskomplexes auf dem Niveau der depressiven Position bzw. Funktionsweise. D. h., die frühen Konfliktlösungen, die zur Bewältigung oder Nichtbewältigung des Ödipuskomplexes gefunden wurden, können in ihrer späteren Re-Aktivierung oder Re-Inszenierung dazu führen, dass beispielsweise jeder Vorgesetzte, jeder Lehrer oder jede Autorität als jemand erlebt wird, dem sich das Individuum zu unterwerfen hat oder der im Gegenteil als Rivale zwanghaft besiegt werden muss. Hinter der Angst vor z. B. Straßen und Plätzen kann sich die Angst vor erotischer Verführung und der damit verbundenen Bestrafung verbergen.

Psychotische Erkrankungen (Schizophrenie, Paranoia, Manie usw.) ergeben sich in der Regel aus sehr frühen Konflikten im Rahmen der paranoid-schizoiden Position, die wegen der damit verbundenen intensiven Verfolgungsängste ggf. nur unzureichend gelöst werden können, wobei die gefundene Lösung z. B. in einer pathologischen Spaltung der inneren Welt bestehen kann. Die Wahnvorstellungen eines an einer Psychose erkrankten Menschen machen diesem zwar einerseits Angst, stellen aber gleichzeitig Versuche dar, eine innerlich als zerstört erlebte Welt wiederaufzubauen.

Dazu gehört, dass es im Rahmen einer psychotischen Erkrankung nicht möglich ist, zwischen der inneren Welt und der äußeren Welt zu unterscheiden, wodurch die innere Stimme zur äußeren wird, von außen kommt.

Zur Veranschaulichung dieses Sachverhalts dient die nachfolgende Grafik:

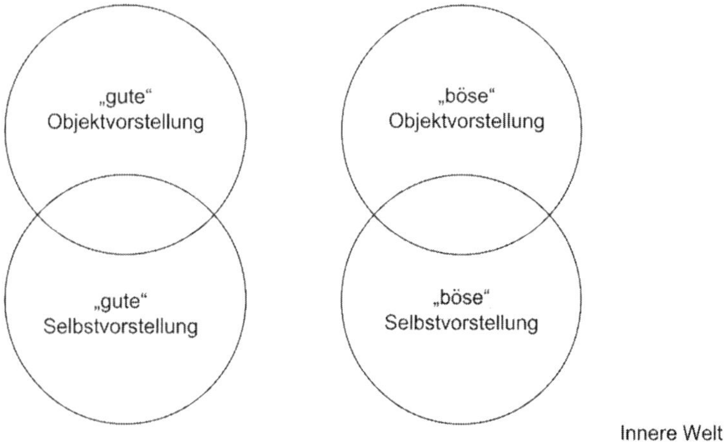

Abb. 8.1.1 *Psychotische Struktur der inneren Welt*

In der Wahrnehmung der inneren Welt des Individuums sind einmal Objekt- und Selbstvorstellung in gute und böse Vorstellungen gespalten, und zum anderen sind die „guten" Selbstvorstellungen mit den „guten" Objektvorstellungen teilweise verschmolzen. Entsprechend sind auch die „bösen" Selbst- und Objektvorstellungen teilweise miteinander verschmolzen, sodass eben partiell nicht mehr zwischen Selbst und Objekt und damit auch zwischen Innen und Außen unterschieden werden kann.

Borderline-Erkrankungen wiederum stellen einen Grenzbereich zwischen den neurotischen und psychotischen Erkrankungen dar. Die Begriffsbildung bezieht sich dabei weniger auf die beobachtete Symptomatik, denn Menschen, die unter einer Borderline-Störung leiden, weisen häufig die üblichen neurotischen Symptome auf, sondern auf die dieser Erkrankung zugrunde liegende Struktur der inneren Welt, d. h. der benutzten Abwehrmechanismen und der damit verbundenen Objektbeziehungen.

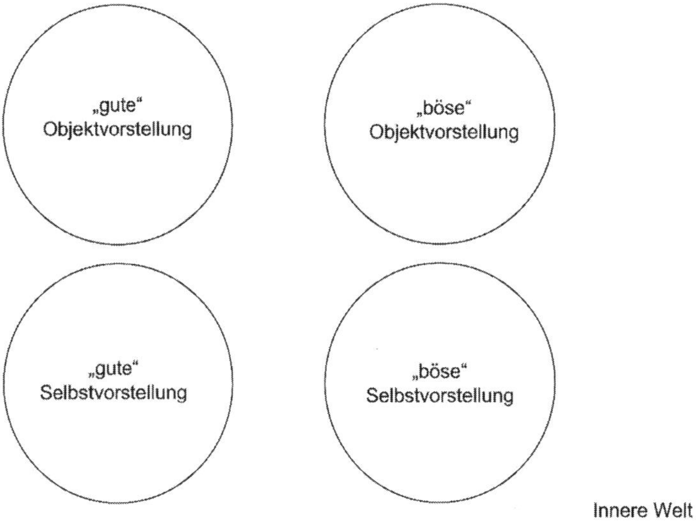

Abb. 8.1.2 *Borderline-Struktur der inneren Welt*

In dieser inneren Welt werden zwar Objekt- und Selbstvorstellung als getrennt wahrgenommen, aber nicht als integriert, d. h., der bedeutsame Andere wird entweder als nur gut oder als nur böse wahrgenommen und dies mit wechselnden Vorzeichen. In diesem Sinn kann die Borderline-Position als ein Zwischenstadium zwischen der paranoid-schizoiden Position und der depressiven Position verstanden werden.

Aber noch einmal, eine rigide Klassifizierung der psychischen Erkrankungen wird den Patienten bzw. Menschen nicht gerecht. Auch der vermeintlich „Gesündeste“ kennt neurotische Symptome oder Verhaltensweisen, und Patienten weisen immer eine Mischung von Symptomen auf und durchleben unterschiedlichste Phasen, wozu häufig auch das „Somatisieren“ gehört. Und alle Patienten kämpfen darum, ihr narzisstisches Bild von sich selbst nicht zerstören zu lassen, worüber hinaus sich neben dieser Unterteilung in Neurose, Psychose und Borderline-Störung ja noch die narzisstischen Persönlichkeitsstörungen, Perversionen, psychosomatischen Erkrankungen, Suchterkrankungen, Störungen der Geschlechtsidentität usw. finden. Diese jeweils einer der Hauptgruppen zuzuordnen ist nicht wirklich hilfreich und auch nur bedingt möglich. Entscheidend für jede psychische Erkrankung sind die dieser Erkrankung zugrundeliegenden unbewussten Konflikte und die sich daraus ergebenden psychischen Strukturen. Für Freud galt jemand, der arbeitsfähig und beziehungsfähig ist, als psychisch „gesund“.

8.2 Der Behandlungsrahmen

Entschließt sich jemand zu einer psychoanalytischen Therapie, so tut er dies in der Regel, weil er sich als psychisch krank erlebt und darunter leidet. Er leidet evtl. unter irrationalen Ängsten, die nicht zulassen, dass er an dem Leben der Anderen teilnehmen kann. Oder aber er leidet unter Beziehungsproblemen, die er sich nicht erklären kann, unter Niedergeschlagenheit und Antriebslosigkeit ohne ersichtlichen Grund, unter psychosomatischen Beschwerden, unter zwangshaften Gedanken und Fantasien und vieles mehr. Wenn dieser Mensch sich dann in Behandlung gibt, ist es sein Ziel, diese Symptome loszuwerden. Ein Leben ohne irrationale Ängste und Zwänge, selbstbestimmt und in gutem Kontakt mit anderen führen zu können.

Sicher sind dies auch die Behandlungsziele des Analytikers, und doch decken sich die Ziele des Analytikers und des Patienten nur teilweise. Denn die Symptome, unter denen der Patient leidet und die er loswerden möchte, dürfen nicht isoliert betrachtet werden. Sie sind inzwischen unbewusst in seine Persönlichkeit, seinen Charakter, seine Identität eingebettet, und sich davon wieder zu trennen, ist nicht einfach.

Denn Symptome stellen schließlich unbewusste Konfliktlösungen oder auch Kompromisse dar und machen insofern Sinn. Sie sind also nicht bedeutungslos, was wiederum heißt, dass es unbewusste Kräfte gibt, die eigentlich gegen jegliche Veränderung sind.

Insofern gilt das Interesse des Analytikers weniger den Symptomen als den unbewussten Konflikten, die sich dahinter verbergen und ggf. auch zu pathologischen Strukturen in der inneren Welt des Patienten geführt haben. Dazu zählt ein verfolgendes Über-Ich ebenso wie ein überhöhtes Selbstideal. Somit besteht das eigentliche Ziel des Analytikers darin, dem Patienten dabei zu helfen, mit seinen unbewussten Konflikten emotional und rational in Kontakt zu kommen und die gefesselte Fähigkeit, sich selbst besser zu verstehen und Gefühle besser aushalten zu können, zu befreien.

Damit der Patient sich aber mit den von ihm selbst als lächerlich, kindisch, pervers und böse erlebten, bewussten und unbewussten Wünschen, Fantasien und Gefühlen anfreunden kann, muss der Analytiker im Rahmen seiner Deutungen und Einlassungen und in der Art, wie er sie gibt, für eine Atmosphäre der Toleranz sorgen, also für eine Haltung, die der Patient schließlich mehr unbewusst als bewusst als Teil seiner Haltung gegenüber sich selbst verinnerlichen kann bzw. wird, sodass es ihm besser gelingt, zwischen Fantasie und Realität unterscheiden zu können.

Eine solche Haltung ist die Voraussetzung dafür, dass der Patient für seine Konflikte angemessenere, weniger erzwungene Lösungen finden, sich evtl. von seinen Symptomen trennen bzw. darüber nachdenken und reflektieren kann.

Zu Beginn einer psychoanalytischen Behandlung wird der Analytiker zunächst mit dem Patienten eine Reihe von Vorgesprächen (mit einer Dauer von jeweils 50 Minuten) führen. Schon in diesen Vorgesprächen überlässt der Analytiker dem Patienten die Wahl der Themen und das Tempo. Wenn der Analytiker anschließend den Eindruck hat, dem Patienten helfen zu können, wird er mit ihm den Behandlungsrahmen (**Setting**) besprechen. Ein Teil des Behandlungsrahmens besteht dabei in der Festlegung der Anzahl der Behandlungsstunden (**Sitzungen**) pro Woche (**Frequenz**).

Drei, vier oder fünf Sitzungen pro Woche stellen der Form nach eine Psychoanalyse dar, während eine Behandlung mit ein oder zwei Sitzungen pro Woche als psychoanalytische Therapie bezeichnet wird. Auf welche Frequenz sich Analytiker und Patient vereinbaren, hängt von den jeweiligen Zielen und Möglichkeiten von Patient und Analytiker ab. Weiterhin wird die Sitzungsdauer (in der Regel 50 Minuten) vereinbart, während die Behandlungsdauer mehr oder weniger als offen gilt, d. h., unabhängig davon, ob eine Psychoanalyse oder eine psychoanalytische Therapie gewählt wird, wird der Analytiker mit dem Patienten besprechen, dass die zuvor skizzierten Ziele nicht in wenigen Monaten zu erreichen sind, sondern schon eines längeren Zeitraums von einigen Jahren bedürfen.

Des Weiteren, und dies ist ein zentrales Element des Behandlungsrahmens, wird der Analytiker mit dem Patienten besprechen, dass der Patient das Recht hat, jede Sitzung mit **dem** Thema sowie mit **dem** Tempo und Temperament zu beginnen, welches ihm am wichtigsten erscheint. Dass er also das Recht hat, sich so frei wie möglich zu äußern, auch wenn er dabei das Gefühl haben sollte, sich zu verzetteln, oder denken könnte, dass seine Gedanken, Gefühle oder Fantasien unangemessen oder auch anstößig sind, vielleicht auch, weil sie die Person des Analytikers betreffen.

In diesem Zusammenhang oder auch unabhängig davon steht noch die Klärung der Frage an, ob der Patient während der Sitzungen auf einer Couch liegt, wobei der Analytiker hinter dem Patienten sitzt, oder ob Patient und Analytiker sich gegenübersitzen.

Im Regelfall wird der Patient, falls ihm das möglich ist, auf der Couch liegen, da diese Haltung sich für das freie Mitteilen der Gedanken und Gefühle doch als sehr hilfreich herausgestellt hat.

Während der Patient sich in der Sitzung so frei wie möglich mitteilt, ist es die Aufgabe des Analytikers, dem Patienten einerseits aufmerksam zuzuhören, andererseits aber sich selbst auch im Blick zu haben, um so erkennen zu können, was die Äußerungen des Patienten in ihm auslösen. Diese Haltung des Analytikers, die auch als **gleichschwebende Aufmerksamkeit** bezeichnet wird, in Verbindung mit dem theoretischen Wissen, seiner Ausbildung und Erfahrung ermöglicht es dem Analytiker, den verborgenen, unbewussten Sinn der Einfälle des Patienten zu erkennen und aufzunehmen, sodass er zu gegebener Zeit versuchen wird, mit dem Patienten darüber ins Gespräch zu kommen bzw. dem Patienten zu helfen, den unbewussten Sinn selbst zu erkennen.

Im Übrigen bestehen die Mitteilungen des Patienten nicht nur aus den verbalen Mitteilungen, sondern natürlich auch und manchmal sehr viel sprechender aus seinen nonverbalen Mitteilungen, also wie er seine Hände während seiner Erzählungen benutzt, ob er friert, schwitzt usw., und schließlich gehört zum Behandlungsrahmen, dass der Rahmen eingehalten wird und somit für den Patienten einen verlässlichen Schutzraum bildet, innerhalb dessen er sich gedanklich und emotional frei bewegen kann.

8.3 Übertragung und Gegenübertragung

Neben der Traumdeutung, die Freud in den Anfangsjahren für den Königsweg zum Unbewussten hielt, maß er der sogenannten Übertragung nach deren Entdeckung eine große Bedeutung im Rahmen einer psychoanalytischen Behandlung zu. In den heutigen psychoanalytischen Behandlungen wiederum hat die Bedeutung der Übertragung noch zugenommen, und zusammen mit der Gegenübertragung stellen diese nunmehr die zentralen Elemente einer psychoanalytischen Therapie dar.

Um zu erklären, was sich hinter diesen Begriffen verbirgt, wird wieder auf das schon in Kap. 5.1 vorgestellte Konzept der Vorstellungswelt zurückgegriffen. Die innere Welt, die dabei beispielhaft zugrunde gelegt wird, ist die innere Welt der depressiven Position.

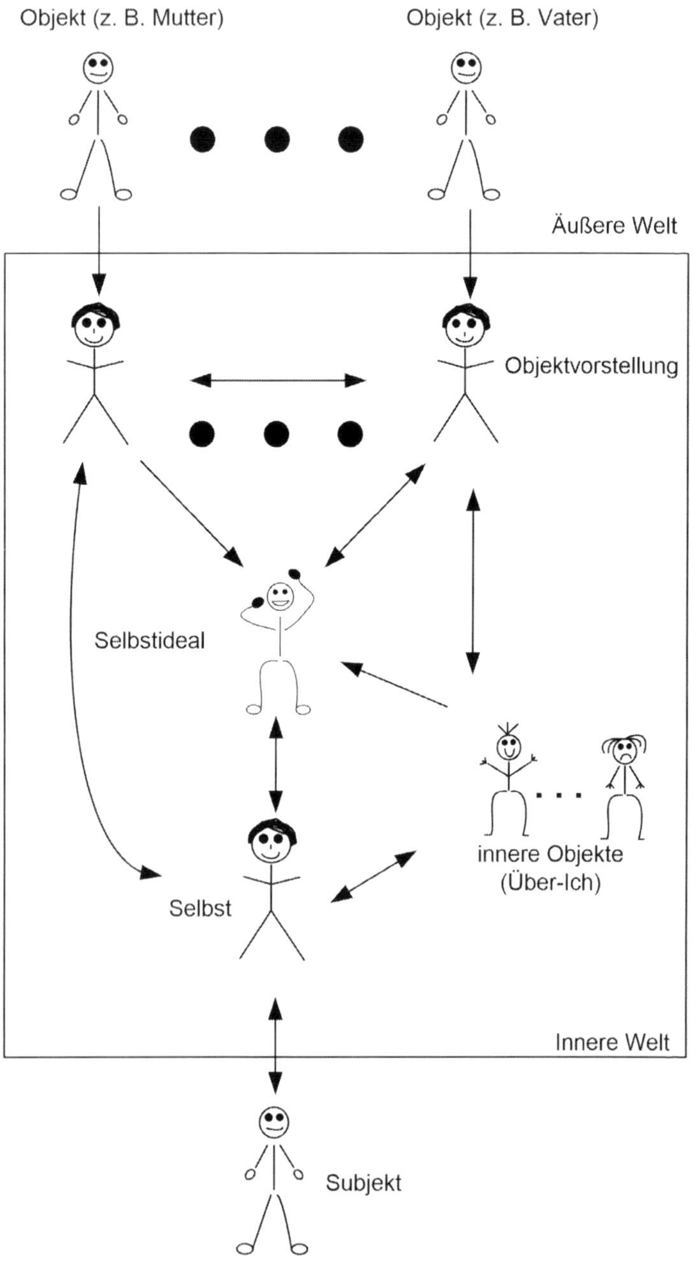

Abb. 8.3.1 *Vorstellungswelt der depressiven Position*

In dieser inneren Welt bestehen eine Reihe von Beziehungen. Einmal zwischen den Objektvorstellungen, also den inneren Vertretern der äußeren Objekte, und dem Selbst, also der Art und Weise, wie sich das Individuum selbst wahrnimmt, sowie den Beziehungen des Selbst zu den sogenannten inneren Objekten. Diese letzteren **inneren Objektbeziehungen** sind hier von besonderem Interesse.

Für den Säugling und auch für das Kleinkind sind die primären Bezugspersonen (Mutter, Vater, ...) von existenzieller Bedeutung. Denn ohne die physische als auch psychische Versorgung durch diese Bezugspersonen können der Säugling und auch das Kleinkind nicht überleben. Im Laufe der Entwicklung gewinnt der Säugling ein bewusstes und unbewusstes emotionales und kognitives Wissen darüber, welche Bedeutung diese Personen für ihn haben. Dazu zählt insbesondere auch die Bedeutung der Anwesenheit dieser Personen, um Zustände von Angst, Verzweiflung und Schmerz aushalten zu können. Woraus sich dann das Bedürfnis entwickelt, diese Personen, insbesondere in Augenblicken der Not, ständig um sich zu haben bzw. deren Anwesenheit zu spüren.

Ein Weg, dies zu erreichen, besteht in der Introjektion (Verinnerlichung) dieser Bezugspersonen mit der Folge, dass dadurch das Individuum zunehmend weniger auf die Anwesenheit seiner primären Bezugspersonen angewiesen ist und dies auch dem wachsenden Bedürfnis nach Autonomie entspricht. Die auf diese Weise entstehenden inneren Objekte sind aber mehr als nur Objektvorstellungen. Denn während Objektvorstellungen in der inneren Welt die Objekte der äußeren Welt darstellen und als solche auch wahrgenommen werden, stellen die inneren Objekte autonome Fantasieobjekte der inneren Welt dar, mit denen das Selbst einen kontinuierlichen Dialog unterhält, vergleichbar einem Beifahrer (inneres Objekt), der jede Aktion des Fahrers (Selbst) mehr oder weniger mit Lob oder Tadel kommentiert. Dabei ist weiter zu berücksichtigen, dass diese inneren Objekte keine Kopien der äußeren Objekte darstellen, sondern dass z. B. durch die Projektion eigener Aggressionen auf die äußeren Objekte die introjizierten Objekte viel strenger und strafender als die realen Objekte fantasiert und wahrgenommen werden können.

Unter einer **Übertragung** wird nun verstanden, dass es eigentlich ständig die Tendenz gibt, die äußeren Beziehungen entsprechend der inneren Objektbeziehungen (zwischen dem Selbst und den inneren Objekten) zu gestalten, d. h., die inneren Objektbeziehungen auf die äußeren Objektbeziehungen zu übertragen, wobei die inneren Objektbeziehungen als Schablonen für die Gestaltung der äußeren Objektbeziehungen dienen. Im Prinzip bedeutet dies, dass die äußere Welt mehr oder weniger immer durch die „Brille" der inneren Welt gesehen und gestaltet wird. Und insbesondere bei psychischer Not besteht ein verstärktes Bedürfnis, innere Konfliktlösungen oder auch innere Objektbeziehungsarrangements, die sich einmal als schützend (wenn auch vielleicht konflikthaft) erwiesen haben, wieder zu aktivieren und die äußeren Beziehungen danach zu gestalten.

Und je größer die psychische Not ist, in der sich ein Individuum befindet, desto stärker ist die Tendenz, innere Objektbeziehungen auf die in diesem Zusammenhang bedeutsamen Anderen zu übertragen. Und dies gilt natürlich auch und speziell für psychoanalytische Behandlungen. Dabei werden nicht nur Gefühle, Wünsche und Fantasien auf den Analytiker übertragen, sondern im Prinzip kann alles, was in der Behandlung geschieht, als Übertragung, d. h. als Ausdruck der Kräfte und Beziehungen in der inneren Welt des Patienten verstanden werden. D. h., dass Hass, Angst, Liebe oder auch erotisches Begehren, die der Patient in frühster Vergangenheit einmal gegenüber einem bedeutsamen Anderen (Vater, Mutter, ...) empfunden hat, wobei dieser Andere in der Gegenwart in verzerrter Form durch ein inneres Objekt vertreten wird, in der Beziehung zum Analytiker unbewusst und verschlüsselt erneut ausgelebt werden wollen. Der Analytiker wiederum erhält auf diese Weise, also dadurch, dass der Patient seine inneren Objektbeziehungen auf ihn überträgt, einen lebendigen Zugang zu dieser inneren Welt und wird so in die Lage versetzt, mit dem Patienten das, was da in der Beziehung zwischen dem Patienten und ihm geschieht, zu besprechen bzw. zu deuten, und dadurch dem Patienten zu helfen, ein eigenes Verständnis für die Entstehung seiner inneren Konflikte zu bekommen. Und diese Einsichten, die der Patient durch die Deutungen des Analytikers gewinnt, tragen wiederum im Umkehrschluss dazu bei, dass sich die Beziehungen des Patienten zu seinen inneren Objekten verändern, mit der Folge, dass der Patient in die Lage versetzt wird, seine innere Welt und damit auch die äußere, Vergangenheit und Gegenwart realistischer wahrzunehmen. Wobei der Umstand, dass ein Teil der Veränderungen darin besteht, dass der Patient die deutende Funktion des Analytikers in seine innere Welt übernimmt, wesentlich zu dieser Entwicklung beiträgt.

Die **Gegenübertragung** wiederum stellt eine Reaktion des Analytikers auf die Übertragung des Patienten dar. Das heißt, ein Teil der Übertragung des Patienten besteht darin, den Analytiker auf eine subtile Art und Weise dazu zu bringen, dass er die ihm zugedachte Rolle übernimmt, d. h. sich unbewusst mit den übertragenen Aspekten des entsprechenden inneren Objekts identifiziert und sich dann auch so verhält, also z. B. Neid verspürt und sich neidisch verhält.

Für den Analytiker, obwohl er durch seine Ausbildung, Lehranalyse und Berufserfahrung um dieses Phänomen weiß und darauf vorbereitet ist, ist es gleichwohl nicht immer einfach zu erkennen, welche seiner Gefühle und Fantasien Reaktionen auf die Übertragung des Patienten darstellen, also durch diesen im Rahmen der Übertragung induziert wurden, und welche Gefühle, Fantasien und Wünsche tatsächlich die eigenen sind, also nur etwas mit ihm zu tun haben und vielleicht auch Teil seiner eigenen Übertragungsbedürfnisse sind.

Gelingt ihm aber dies, so resultiert ein großer Teil seiner Einsichten in die Übertragung aus dem Verständnis der Gegenübertragung, also wie seine Patienten auf ihn einwirken, bestimmte Gefühle in ihm hervorrufen möchten und ihn zu einem bestimmten Rollenverhalten drängen. Dabei ist es für den Erfolg der Behandlung von großer Bedeutung, dass der

Analytiker zwar einerseits eine gewisse Bereitschaft zur Rollenübernahme besitzt, diese aber nicht einnimmt, sondern stattdessen mit dem Patienten über diese Bedürfnisse ins Gespräch kommt.

In diesem Zusammenhang muss noch nachgetragen werden, dass, wenn von **Abstinenz** und **Anonymität** als behandlungstechnischen Elementen des psychoanalytischen Behandlungsrahmens gesprochen wird, damit im Falle der Abstinenz nicht nur gemeint ist, dass der Analytiker dem Patienten die reale Erfüllung seiner Wünsche (z. B. in den Arm genommen werden) verwehren muss, sondern auch gegenüber sich selbst abstinent verhalten muss, also darauf verzichten muss, sich dem Patienten z. B. also eine bessere Mutter (oder auch Vater) anzubieten, die ihn immer versteht, ihn in der Fantasie als Lieblingssohn adoptiert und aus ihm etwas Großartiges machen will, oder den eigenen Wunsch, geliebt und bewundert zu werden, sich durch den Patienten erfüllen lässt. Und insbesondere muss der Analytiker gerade dann darauf verzichten, wenn ihm vom Patienten eine solche Rolle angetragen wird. Denn eine solche Rolle anzunehmen, mit der evtl. Rechtfertigung, der Patient habe doch in der Vergangenheit nie eine gute Beziehung gehabt, und der Vorstellung, diesen Mangel beheben zu können, könnte leicht dazu führen, dass der Patient den Analytiker idealisiert, während wichtige Personen der Außenwelt abgewertet werden, was die inneren Spaltungen des Patienten noch vertiefen und ihm eben nicht dabei helfen würde, sich dem eigenen Anteil an seinen Problemen zu stellen.

Das Konzept der Anonymität des Analytikers spielt dabei insofern eine Rolle, als dass sich dahinter die Erfahrung verbirgt, dass, je weniger der Patient über den Analytiker weiß, desto mehr sind es die Fantasien des Patienten, die seine Beziehung zum Analytiker prägen, bzw. desto offener bietet sich der Analytiker als Übertragungsobjekt an, und auch wenn dies ein Ideal ist, denn natürlich wird der Patient im Laufe der Behandlung sein Wissen um die Persönlichkeit des Analytikers mehren, verliert das Konzept der Anonymität des Analytikers gleichwohl nicht an Bedeutung. Und schließlich sollte noch explizit darauf hingewiesen werden, dass die Übertragung und die damit verbundene Gegenübertragung nicht nur in psychoanalytischen Behandlungen auftreten, sondern ein quasi universelles Phänomen sind, das in allen bedeutsamen Beziehungen zu beobachten ist.

8.4 Darstellung einer psychoanalytischen Behandlung

8.4.1 Vorbemerkung

In diesem Abschnitt werden die ersten drei Jahre einer längeren Psychoanalyse vorgestellt. Um dabei die Anonymität der Patientin zu wahren, wurden die biografischen Daten auf ein Minimum reduziert und dort, wo dies für den Verlauf der Behandlung unerheblich ist, abgeändert. Außerdem wurde für diese Veröffentlichung das Einverständnis der Patientin eingeholt. Im Abschnitt 8.4.3 wird die mögliche zugrunde liegende Ursächlichkeit für die Erkrankung der Patientin bzw. für Patienten, die an einer sogenannten Essstörung leiden, andiskutiert. Die Darstellung bleibt dabei im Allgemeinen, d. h., um die Patientin weiterhin zu schützen, wird nicht auf die spezifische Ursächlichkeit der Erkrankung der Patientin eingegangen.

8.4.2 Behandlungsbericht

Vorgespräche

Telefonisch erkundigte sich eine junge Frau nach einem Therapieplatz. Sie sei zuvor 5 Monate in einer Psychiatrie gewesen. Ihr Hinweis auf die Psychiatrie ließ mich zurückschrecken. Ich erklärte ihr, dass ich zunächst Vorgespräche führen würde. Daraufhin antwortete sie, dass sie gerade erst 18 sei und daher erst mit ihrer Mutter sprechen müsse. Zu meiner Überraschung meldete sie sich aber schon nach 10 Minuten erneut, um mitzuteilen, dass sie gerne kommen würde. Ihre sympathische Stimme, ihre schnelle Reaktion, ihre Selbstständigkeit und ihre Art, sich auszudrücken, nahmen mich für sie ein, sodass ich, trotz meiner Bedenken wegen ihres Alters und der Vorgeschichte, einen Termin vereinbarte.

Die Patientin kam pünktlich zur Stunde. Ein hübsches Mädchen, vielleicht 1,60 m groß, rötliche, dünne Haare, streng nach hinten gekämmt, schwarzer Rollkragenpullover, eng anliegend, bauchfrei und ärmellos. Sie trug eine schwarze Hose mit weißen Längsstreifen. Ihre Unterarme waren mit schwarzen Stulpen bedeckt, was ich ungewöhnlich fand. Noch auffallender aber war ihr sehr gepflegtes Make-up, die Lippen blass geschminkt, Lidschatten, stilisierte Augenbrauen, gepflegte Hände und Fingernägel. Eine zierliche und ziemlich dünne, junge Dame. Ihre Ausstrahlung war angenehm und sympathisch.

Auf ihre Eröffnung, dass sie nicht wisse, womit sie beginne solle, antwortete ich: „Womit Sie wollen." Die Patientin entgegnete, dass das eine lange Geschichte sei. Ihre Stimme war sehr dünn, zittrig und aufgeregt. Und sie sprach sehr schnell, fast hektisch, als hätte sie nicht genug Zeit.

In der 6. Klasse des Gymnasiums sei sie zusammen mit einer Freundin sitzen geblieben. Auch ein weiteres Mädchen aus einer Parallelklasse hatte das Jahr wiederholen müssen. Ihre Freundin hielt dieses Mädchen anfangs für arrogant und hatte dieses Mädchen daher „abgelästert", während sie die Neue verteidigte. Dann hatten sich ihre Freundin und die Neue aber zusammengetan und nun sie abgelästert, ausgestoßen und isoliert. Daraufhin habe sie sich auch zu Hause mehr und mehr zurückgezogen, ihr Zimmer abgedunkelt und kaum noch verlassen. Sie habe sich Tabletten verschafft, um sich umzubringen, aber das dann doch nicht tun können. Stattdessen habe sie angefangen sich zu „ritzen", erst an den Beinen und dann an den Armen. Während ihrer Erzählung schloss die Patientin öfter die Augen, als koste sie ihre Erzählung viel Kraft. Oder sie verzog den Mund leicht, was ihm ein spöttisches Aussehen gab. Sie weinte aber nicht, sondern erzählte tapfer weiter. Mich bewegte ihre Geschichte sehr, wie sie sie berichtete und überhaupt wie sie sich zeigte: verletzlich, einsam, verzweifelt und traurig. Da ihr ein erneutes Sitzenbleiben drohte, wechselte sie schließlich die Schule. Dort habe sie sich zu Anfang sehr isoliert gefühlt. Dann seien aber zwei Mädchen auf sie zugegangen, und als sie diesen Mädchen genügend vertraute, verriet sie ihnen, dass sie sich an Beinen und Armen „ritze". Ihre Klassenkameradinnen überredeten sie, sich einer Lehrerin anzuvertrauen, die sie zu einer Ärztin für Kinder- und Jugendpsychiatrie geschickt habe. Die Ärztin habe sofort ihre Mutter informiert und zur nächsten Stunde bestellt. In dieser Stunde habe die Ärztin ihr den Ärmel hochgerissen, um ihrer Mutter die Narben zu zeigen, und damit gedroht, falls ihre Tochter nicht freiwillig in eine Klinik gehe, werde sie sie von hier aus mit polizeilicher Hilfe in die Klinik bringen lassen. Ich wunderte mich über den rüden Ton der Ärztin und überlegte, ob diese Ärztin immer so ist oder ob dies etwas mit der Patientin zu tun haben könnte.

Der Bericht der Patientin dauerte etwa 15 Minuten. Anschließend schwieg sie lange, sodass ich mich gedrängt fühlte, ihr zu helfen und Fragen zu stellen. Und sie äußerte sich auch fast nur noch auf meine Fragen hin, was dem Rest der Stunde etwas Mühsames gab. So erfuhr ich, dass sie sich noch immer schneidet, und zwar immer, wenn der „Ritzdruck" sehr groß ist. Sie hatte auch große Angst, wieder in die Klinik eingewiesen zu werden, da sie sich in den nächsten 14 Tagen dort noch einmal vorstellen musste. Ihre Eltern waren geschieden, und sie wohnte bei ihrer Mutter. Ihre Mutter hatte in den letzten Jahren einigen beruflichen Ärger gehabt, den ihre Mutter ihr gegen ihren Willen anvertraute und mit ihr habe besprechen wollen. Wenn sie dann „genervt" die Augen verdreht hätte, sei ihre Mutter wütend geworden. Ihren Vater habe sie anfangs wöchentlich gesehen, dann immer weniger und jetzt nur noch sporadisch. Meine Frage, ob sie deswegen enttäuscht sei, verneinte sie.

Inzwischen fühlte ich mich mit meinen Fragen zunehmend unwohl, als würde ich gewaltsam in sie eindringen, sie geradezu ausspionieren, zumal sie mir wie ein scheues Reh erschien. Als ich ein etwas längeres Schweigen mit der Frage, ob das Schweigen sie ängstige, unterbrach, antwortete die Patientin schüchtern: „Ja, ein bisschen." Sie wisse nicht, was sie erzählen solle. Dann fügte sie hinzu, dass sie glaube, es werde immer noch über sie „gelästert", aber vielleicht bilde sie sich das auch nur ein. Meine Bemerkung, dass sie anscheinend den Eindruck habe, ich verdrehe über ihre verständliche Zurückhaltung und Unsicherheit mir gegenüber die Augen, verneinte sie auffallend schnell. Die Stulpen trage sie, um die Narben zu verdecken. In der Klinik habe man ihr die Stulpen immer weggenommen. Auf diese Weise sei sie bestraft worden, wenn sie sich ritzte. (Lädt sie unbewusst dazu ein, sie sadistisch zu behandeln, so wie ich das Gefühl hatte, ihr mit meinen Fragen die Stulpen geradezu gewaltsam herunterzureißen?) Auch in den folgenden zwei Vorgesprächen war die Patientin sehr schweigsam. Sie wisse nicht, was sie erzählen solle. Meine Gegenübertragung, ein eindringendes, sie ausspionierendes Objekt zu sein, und das, was sie berichtete, machten aber doch deutlich, wie anfällig ihr Selbstwertgefühl ist, wie unentwickelt ihre Fähigkeit ist, intensive Gefühle aushalten bzw. regulieren zu können, und wie verfolgend, fragil, dyadisch und teilweise noch undifferenziert ihre Objektbeziehungen sind. Durch den Dritten fühlt sie sich ausgeschlossen, ausgestoßen und „abgelästert". Andererseits aber zeigte die Patientin kein antisoziales Verhalten, hatte Freunde, um die sie sich sorgte. Ich war daher der Auffassung, dass eine vierstündige Analyse im Sitzen für die Patientin passend sei. Ihre Jugend, ihre Symptomatik und der Gedanke, ob sie wohl durchhalten wird, verunsicherten mich aber. Ich bot ihr somit vorerst eine zweistündige Behandlung an. Die Patientin sagte ohne Zögern zu und wirkte sehr erleichtert.

Behandlungsverlauf

Die ersten 4 Wochen (2-stündig im Sitzen)

Meine Vorsicht schien berechtigt, denn die ersten beiden Stunden begannen bedrohlich. Zu beiden Stunden hatte sich die Patientin so tief in den Arm geschnitten, dass die Wunden jeweils genäht, also ärztlich versorgt werden mussten. Vor der 3. Stunde fand ich dann auf meinem Praxis-Anrufbeantworter eine Nachricht ihres Hausarztes vor. Er bat um einen dringenden Rückruf. Am nächsten Tag kontaktierte ich den Hausarzt. Er war in großer Sorge wegen ihrer Schnittwunden und ihrer Selbstmordgedanken und versuchte mich dazu zu bewegen, die Patientin an eine Klinik abzugeben. Diese Art Druck und Einmischung von außen sollte sich in den nächsten Wochen noch verstärken. Die Patientin hielt alle in großer Unruhe. Hinzu kam, dass ich die Behandlungsstunden als sehr bedrückend erlebte. Die Patientin äußerte kaum einmal etwas von sich aus, sondern versank häufig in den Stunden in ein tiefes Schweigen. Dabei schaute sie an mir vorbei oder auf den Boden und zeigte so gut wie keine Regung, als sei sie eine Statue. Wenn sie dann in ihrer Erstarrung und in ihrem Schweigen die Lider schloss, setzte mir das sehr zu. Sie schien sehr einsam zu sein. Wenn ich mit ihr sprach, bewirkte meine Gegenübertragung, dass ich automatisch mit einer sehr sanften Stimme sprach, als sei ich ein Lamm und eben kein Wolf, den sie fürchten müsste. Ihr Schweigen brachte mich immer wieder dazu, Fragen zu stellen, um mit ihr ins Gespräch zu kommen, um ihr die Angst zu nehmen, denn sie schien sehr unsicher zu sein und nicht zu wissen, was ich wohl von ihr erwarte oder was sie mit mir anfangen könnte. Gleichzeitig fühlte ich mich aber mit meinen Fragen sehr unwohl. Ich kam mir wie jemand vor, der in sie eindringt, um sie auszuforschen und auszuspionieren. Bei meinen Versuchen, mit ihr darüber ins Gespräch zu kommen, wurde deutlich, dass sie mich mit meinen Fragen zwar als eine Art Verfolger erlebte, mein Schweigen für sie aber noch bedrohlicher war. Also blieb ich vorläufig bei meinen Fragen. Wenn sie jedoch von sich aus etwas erzählte, sprach sie sehr schnell, fast hektisch, mit einer dünnen Stimme. Ihre Augen flackerten dabei unruhig. In der 4. Stunde wurde deutlich, es verunsicherte sie sehr, dass ich mir noch nicht ihre Schnittwunden hatte zeigen lassen. Alle anderen Ärzte und Therapeuten hatten sich ihre Arme immer sofort zeigen lassen. Sie nahm an, dass ich warten wolle, bis sie es freiwillig tun würde, und in der folgenden Stunde teilte sie mir dann mit, dass sie mir ihre Arme zeigen wolle. Die Patientin krempelte also die Ärmel ihres Pullovers hoch, entfernte den Verband vom linken Arm, sie hatte sich wieder aktuell geschnitten, und zeigte mir ihre Wunden. Mir war bei dieser Szene nicht sehr wohl. Es war, als würde sie sich ausziehen. Ihre Arme waren also kreuz und quer mit unzähligen oberflächlichen und mit einigen sehr tiefen, etwa 10 cm langen Schnitten bedeckt. Mich erschreckte dieses Bild sehr, und bedingt durch den Druck von außen und der Angst, sie könnte Selbstmord begehen, verbrachte ich eine unruhige Nacht. Ich konnte nicht abschalten und war innerlich sehr mit der Patientin beschäftigt. Schließlich, als ich zu verstehen glaubte, was die Patientin mit mir und auch den anderen macht, dass sie nämlich unbewusst mit großer Macht inszeniert, dass man sie einerseits nicht aushält, sie aufgibt und abschiebt (die Patientin selbst hatte hinsichtlich des Drängens der anderen, in eine Klinik zu gehen, erklärt, dass keiner die Verantwortung übernehmen wolle) und andererseits anscheinend dies ihr Weg ist, sich mit mir in Kontakt fühlen zu können, bekam ich meine Angst besser unter Kontrolle und fand schließlich die Kraft, ihr, was ich bisher offen gelassen hatte, eine vierstündige Analyse im Sitzen anzubieten. Die Patientin sagte sofort zu und schien erleichtert zu sein.

Beginn der Analyse (4-stündig im Sitzen)

Zur ersten Analysestunde trug die Patientin ihr Haar erstmals offen und bekam so etwas Verführerisches. Auch war sie in dieser Stunde mitteilsamer. Sie sprach über einen älteren Bekannten, der sie aufgesucht habe, weil er sich um sie etwas mehr kümmern wollte. Ihr Bekannter habe sich dabei merkwürdig verhalten, sei aufdringlich gewesen und habe sich mit ihr heimlich zum Essen verabreden wollen. Beim Abschied habe er noch gesagt, wenn sie sich noch einmal schneiden wolle, solle sie denken, es sei sein Arm. Mich irritierte diese Stunde, und ich musste daran denken, dass ich damals, als die Patientin mir erstmals ihre Wunden zeigte, dies so erlebt hatte, als würde sie sich ausziehen. Dass ich diese Szene damals so erlebte, also erotisierte, war sicher zum Teil meiner Abwehr geschuldet, also dem Zurückschrecken vor dem Schmerz und dem Hass, mit dem sie mich durch das Zeigen ihrer Wunden unbewusst konfrontieren wollte. Aber ich denke auch, dass sich mir die Patientin unbewusst in ihrer psychischen Nacktheit zeigen wollte, um zu sehen, wer ich bin und wie ich damit umgehe, ob ich vielleicht übergriffig reagieren könnte. Denn es schien so, als hätte sie mein Analyseangebot als einen grenzüberschreitenden Verführungsversuch erlebt.

In den darauffolgenden Stunden wurde die Patientin wieder schweigsamer, sodass ich mich wieder gezwungen fühlte, Fragen zu stellen. Dabei erfuhr ich, dass sie seit etwa 6 Jahren Klavierunterricht hat. Insgesamt aber hatte ich den Eindruck, dass sie auf meine Fragen verstärkt mit Rückzug reagierte. Ich besprach dies mit ihr und änderte mein Vorgehen. Ich nahm also mein Fragen zurück und versuchte nun, wenn sie wieder einmal in ihre eigene Welt versank, ihren Zustand in mich aufzunehmen und ihn dann anzusprechen: Wenn ich den Eindruck hatte, dass sie verzweifelt und unendlich traurig war, sich hilflos und einsam fühlte, als gäbe es keine Hoffnung für sie, als sei ich unerreichbar für sie oder sie für mich, sprach ich dies aus, gab also ihren, von mir vermuteten, Gefühlen Worte. Die Patientin reagierte darauf unterschiedlich. Manchmal nickte sie zustimmend, manchmal zuckte sie mit den Schultern, als wisse sie es nicht, manchmal schüttelte sie verneinend den Kopf, und manchmal brach sie auch ihr Schweigen. Es war, als sei ich ihr Mund, der ausspricht, was sie nicht sagen kann. Sobald ich aber formulierte, dass *sie* vielleicht von mir enttäuscht sei, da ich noch nicht mehr erreicht habe, oder dass sie glaube, *ich* sei enttäuscht oder vielleicht ärgerlich, weil sie sich weiterhin schneide, schüttelte sie heftig den Kopf. Wenn sie sich aber mitteilen wollte, konnte ich dies oft schon im Voraus erkennen. Es sah dann so aus, als ob sich ihre Worte stoßweise aus dem Magen nach oben arbeiten würden, um dann ihren Mund irgendwann zu verlassen oder ausgespuckt zu werden. Manchmal aber schüttelte sie dabei den Kopf, als spräche sie mit sich selbst, und schluckte die Worte wieder herunter. In der 25. Stunde weinte sie erstmals. Ihr Weinen geschah so lautlos, dass ich es zuerst gar nicht bemerkte, erst als die Tränen sich unter ihrem Kinn vereinigten und von dort zu Boden tropften, entdeckte ich es. In den anschließenden Stunden weinte sie fast regelmäßig, immer lautlos. Mich berührte dieses Weinen sehr, und ich fühlte mich oft schrecklich hilflos. Am liebsten hätte ich sie in den Arm genommen, um sie auf diese Weise zu trösten. (Der Impuls, die Patientin in den Arm zu nehmen, entsprang dabei nicht nur meiner Sympathie und dem Mitgefühl, die ich für die Patientin empfand, sondern stellte auch eine Reaktion auf die Ohnmacht dar, die die Patientin unbewusst in mir auslöste und der ich auf diese Weise zu entfliehen wünschte. Aber hätte ich diesem Impuls nachgegeben, so hätte die Patientin mich unbewusst als jemanden erlebt, der ihre Not und Verzweiflung nicht auszuhalten vermag und sich dann grenzüberschreitend verhält. Darüber hinaus hätte ich ihr damit die Möglichkeit verwehrt, ihre unbewussten destruktiven Impulse in die Beziehung zu mir einzubringen, was die Spaltungen in ihrer inneren Welt nur noch vertieft hätte.)

Die Patientin äußerte auch wieder Selbstmordgedanken. Wenn ich mit ihr besprach, dass sie vielleicht hoffe, auf diese Weise ihre Gefühle von Hilflosigkeit zu vernichten, entspannte sie sich zwar sichtlich, aber ich blieb doch, obwohl ich sie gleichzeitig für nicht akut gefährdet hielt, voller Angst zurück. Außerdem beunruhigte mich der Gedanke, dass sie womöglich fantasieren könnte, dass ich sie omnipotent vor einem Suizid bewahren könnte.

Eine Woche vor Beginn der ersten Behandlungspause verschlechterte sich ihr Zustand. Schon äußerlich machte es sich bemerkbar. Sie sah sehr blass aus und trug ein schwarzes T-Shirt mit einem großen, gelben Radioaktiv-Symbol und litt vermehrt unter Selbstmordgedanken. Außerdem war sie für mich kaum erreichbar, was ich als sehr schmerzhaft erlebte. Ich deutete ihr daher, dass sie die bevorstehende Pause als sehr schmerzlich erlebe und mit ihrem Rückzug anscheinend versuche, die Trennung vorwegzunehmen, damit es weniger wehtue. Die Patientin stimmte nickend zu.

Zur letzten Stunde kam die Patientin trotz des Schnees, der an diesem Tag fiel, pünktlich. Sie begann die Stunde damit, dass sie gerne etwas sagen würde, aber nichts habe, was sie sagen könnte. Ihr anschließendes lang anhaltendes Schweigen unterbrach ich damit, dass die kommende Pause sie doch sehr traurig mache. Sie weinte daraufhin in ihrer lautlosen Art, schwieg allerdings weiter. Nun deutete ich, dass sie mir auf ihre Weise mitzuteilen versuche, sie fühle sich augenblicklich sehr hilflos und möchte, dass ich darum weiß. Die Patientin schwieg weiter, doch dann, kurz vor dem Ende der Stunde, hob sie ihren Kopf und erzählte, wie ihre Mutter, sie sei damals vielleicht 6 Jahre gewesen, einmal für 2 oder 4 Wochen weggemusst hätte und dass das sie damals ganz durcheinandergebracht hätte. Bei der Verabschiedung lächelte sie mich flüchtig und schüchtern an.

Als die Patientin zur ersten Stunde nach der Pause kam, sah sie schlecht aus. Sie warf mir zu Beginn einen prüfenden und unsicheren Blick zu, schaute aber zur Seite und schwieg. Als ich ansprach, dass sie scheinbar nicht wisse, wie sie den Faden hier wiederaufnehmen könne, nickte sie. Dann sprach sie über ihren letzten Schultag, dass der sehr schrecklich gewesen sei, sie habe sich von den anderen völlig isoliert gefühlt und sich dafür gehasst. Ich unterbrach ihr darauffolgendes Schweigen mit der Bemerkung, dass sie sich durch die Therapieunterbrechung von mir wie abgeschnitten fühlte. Die Patientin nickte schweigend. Ich fühlte mich diesem Schweigen gegenüber wiederum sehr hilflos und ohnmächtig, zweifelte an meinen

Möglichkeiten und bekam erneut Angst. So zog sie wieder in meine innere Welt ein.

Über ihr ambivalentes Verhältnis zu ihrer Mutter konnte die Patientin allmählich etwas offener sprechen. Sie klagte darüber, dass ihre Mutter nichts auf die Reihe bekäme, Briefe und Rechnungen ungeöffnet blieben. Die Patientin fühlte sich oft von ihrer Mutter benutzt und in Rollen gedrängt, z. B. auf ihre Mutter aufzupassen, wenn diese zu viel getrunken hatte. Sie fühlte sich den Wünschen ihrer Mutter ohnmächtig und hilflos ausgeliefert. Zunehmend reagierte sie auf solche Vorfälle heftig, vor Hass und Wut würde sie sich am liebsten „ritzen“ und die Haut aufkratzen. Als ich sagte, dass es mir so scheine, als würde sie eigentlich die Haut ihrer Mutter aufkratzen wollen, dass diese Vorstellung für sie aber unerträglich sei, weil sie fürchterliche Angst habe, ihre Wut könnte unkontrollierbar sein, sodass sie es tatsächlich tun könnte, antwortete die Patientin, dass sie nicht wisse, wohin mit ihrer Wut, an anderen auslassen sei nicht gut, an sich selbst, also sich „ritzen“, sei nicht gut, und wenn sie ihre Wut verdränge, werde sie depressiv und fühle sich leer. Wenn die Patientin aber so über ihre Mutter sprach, fühlte sie sich immer sehr schuldig, als hätte sie ihre Mutter angeschwärzt. Ich empörte mich innerlich manchmal sehr über ihre Mutter und übersah dann, dass die Patientin bisweilen auch in mir eine solche Mutter vermutete.

Vor den Osterferien litt die Patientin wieder sehr unter Selbstmordgedanken. Auch hörte sie wieder öfter Stimmen, und sie hatte Angst, dass es wieder so schlimm werden könnte wie damals, vor ihrer Einweisung in die Psychiatrie. Das, was ihre Stimmen sagen, konnte sie mir nicht sagen, nur so viel, dass die Stimmen über sie „lästern“ und dabei die Wahrheit sagen würden. Und sie schnitt sich immer noch und immer wieder tief in die Arme. Ich reagierte darauf mit Hilflosigkeit und Ohnmacht und manchmal mit der Angst, dass sie sich irreversibel verletzen oder umbringen könnte und man mich dafür verantwortlich machen würde. In solchen Augenblicken zweifelte ich an meiner Arbeit und dachte an Aufgabe, was aber für die Patientin eine Katastrophe gewesen wäre, und geriet so unter den Druck, die Symptomatik sofort stoppen zu müssen. Gestützt durch meine Gegenübertragung und die Erzählungen der Patientin zu ihrem Schneiden, hatte ich verschiedentlich mit ihr besprochen, dass sie sich ja erst so tief schneide, seitdem sie bei mir in Behandlung sei, und ich den Eindruck hätte, dass sie sich mir und meinen Urlaubsplänen gegenüber schrecklich hilflos und ausgeliefert fühlen würde und sie dann vielleicht auf diese Weise unbewusst versuche, ihre Gefühle ins Gegenteil zu drehen, indem sie mir demonstriere, wie ohnmächtig und hilflos ich sei, dass ich, wenn sie nicht wolle, ihr Schneiden nicht verhindern könne. Die Patientin bestätigte dies: Wenn sie sich schneide, fühle sie sich mächtig und habe das Gefühl, über dem Schmerz zu stehen. Ich sprach weiter darüber, dass es ihr große Angst mache, wenn ich nicht so auf ihr Schneiden reagiere, wie sie es gewohnt sei, dass sie sich anscheinend nur sicher fühlen könne, wenn sie das Gefühl habe, mich zu kontrollieren. Daraufhin schilderte die Patientin, wie schrecklich es für sie sei, wenn ihre Mutter ihr die kalte Schulter zeigen würde, es wäre ihr lieber, ihre Mutter würde sie stattdessen schlagen.

In einer Stunde kurz vor einer Unterbrechung berichtete die Patientin, dass sie wieder Selbstmordgedanken habe, und beschrieb, wie sie sich vorstellte, in den Wald zu gehen, um sich dort die Pulsadern aufzuschneiden. Daraufhin sagte ich zu ihr, dass sie sich von mir allein und im Stich gelassen fühle, was sie auch bejahte. Ich besprach weiter, dass ihre Selbstmordgedanken eine Art Zuflucht oder Rückzug seien, als eine Flucht aus den Gefühlen der Ohnmacht und des Alleingelassenseins, und dass sie sich an diesem Zufluchtsort dann nicht mehr ohnmächtig, sondern mächtig fühle. Ich machte sie außerdem darauf aufmerksam, dass ich nicht allmächtig sei und, wenn sie sich umbringen wolle, dies nicht verhindern könne. Die Patientin antwortete, sie glaube manchmal, dass sie sich früher oder später doch umbringen werde. Ich verstand dies so, dass sie glaube, ich werde früher oder später die Behandlung doch abbrechen. Anschließend erzählte die Patientin, dass ihre Mutter die Trennung der Eltern immer so darstelle, als sei dies für die Kinder problemlos gewesen. Aber es stimme nicht, es sei schrecklich gewesen. Auch für ihren Vater sei die Trennung zu Anfang schlimm gewesen. So habe sie nach der Trennung anfangs große Angst gehabt, ihren Vater zu besuchen bzw. dessen Wohnung zu betreten, da sie immer befürchtete, dass ihr Vater sich aufgehängt haben könnte und sie ihn so finden würde. Als ich deutete, dass sie ihre Gefühle, sie könnte die Trennung vom Vater nicht überleben, damals bei ihrem Vater untergebracht habe, nickte sie. Anschließend kam sie wieder auf ihre Selbstmordgedanken zu sprechen. Ich sagte ihr, dass sie auf diese Weise ihr Gefühl, von mir verlassen zu werden, in das Gefühl, mich zurückzulassen, verwandle. Die Patientin antwortete, dass sie das aber nicht wolle, sie finde es selbst gemein, andere zurückzulassen. Ich fügte hinzu: Denn während ich wiederkomme, würde sie, sollte sie sich umbringen, nicht mehr wiederkommen. Die Patientin entspannte sich und berichtete, dass sie schon als kleines Kind Selbstmordgedanken gehabt habe.

In den folgenden Wochen war es der Patientin möglich, sich mehr als zuvor zu öffnen, also von sich und ihrer Welt zu erzählen. Sie war in der Lage, die Stunden, wenn auch zögernd und mehr oder weniger stockend, von selbst zu beginnen. Auch ihr Vaterbild hatte sich verändert. Es tue ihr leid, so drückte sie sich aus, dass sie ihren Vater so einseitig gesehen habe, sie glaube inzwischen schon, dass sie ihm etwas bedeute und er sich um sie sorge. Als sie noch ein Kind gewesen sei, habe er doch mehr mit ihr gespielt, als sie bisher erinnert habe. Sie habe ihren Vater anscheinend doch zu sehr mit den Augen ihrer Mutter gesehen. Mit dem veränderten Vaterbild schien es auch vermehrt zu Auseinandersetzungen mit ihrer Mutter zu kommen. Gleichzeitig machten ihr diese Differenzierungsversuche aber auch Angst und verursachten Schuldgefühle.

Die Patientin schnitt sich inzwischen nur noch selten und hörte auch kaum noch ihre Stimmen, die im Kontext der Trennungen verstärkt aufgetreten und mir als eine verzweifelte und schmerzhafte Abwehr ihrer Einsamkeits- und Verlassenheitsgefühle erschienen waren. So äußerte sie einmal vor einer Trennung, sie bedauere es manchmal, dass sie ihre Stimmen nicht mehr hören würde, obwohl sie sie sehr gequält hätten. Aber parallel zum Rückgang dieser Symptome hatte sich ein anderes Symptom entwickelt. Mit zunehmender Tendenz litt die Patientin seit einiger Zeit unter Fressanfällen und Erbrechen. Gleichzeitig verlor sie dabei ziemlich an Gewicht, was neue Ängste in mir auslöste.

Kurz vor den Weihnachtsferien kam die Patientin wieder auf ihren Hausarzt zu sprechen. Sie berichtete, dass er sie 24 Stunden am Tag bewacht wissen wolle und ihr deshalb wieder vorgeschlagen habe, in eine Klinik zu gehen. Aber für sie sei das, als würde sie eingesperrt. Ein Freund habe zu ihr gesagt, wenn sie so weitermache, käme sie noch in die „Geschlossene". Ich sagte nun, dass sie anscheinend den Eindruck habe, die Heftigkeit ihrer Gefühle könne nicht ausgehalten werden, sodass sie ruhiggestellt, eingekerkert werden müsse.

Die Patientin schwieg für einen Augenblick und kam dann auf einen Traum zu sprechen, den sie aber schon vor einiger Zeit geträumt habe. Sie träumte, dass sie fliegen könnte und auf der Erde landen wollte. Sie landete dann in einer Burg. Dort seien aber ganz viele Menschen gewesen, die sie einzusperren versuchten, damit sie nicht mehr wegfliegen könne. Sie habe sich jedoch befreien können und sei dann wieder weggeflogen. Nun sei sie aber ohne Halt hoch über der Erde hergetrieben und hätte auch keinen Halt mehr gefunden. Immer wenn sie versucht habe zu landen, Halt zu finden, habe es sie wieder losgerissen. Damit endeten Traum und Stunde.

Ich verstand den Traum der Patientin so, dass das Fliegen für sie eine manische, omnipotente Welt darstellt, wo sie nichts und niemanden braucht, wo sie aber trotzdem in Gefahr ist, emotional zu verhungern. Ihre Versuche anzudocken, scheinen die Stunden bei mir zu repräsentieren, wobei 4 Stunden in der Woche allerdings für die Patientin zu wenig sind, um wirklich Halt zu finden. Und gleichzeitig zu viel, weil sie fürchtet, von mir abhängig zu werden, was für sie gleichbedeutend ist mit Einkerkerung, sodass sie sich wieder in ihre Manie flüchten muss.

In der vorletzten Stunde vor den Ferien schwieg die Patientin zu Anfang lange. Erst als ich sagte, dass sie sich vielleicht deshalb zurückziehe, damit ihr die Trennung nicht so wehtue, antwortete die Patientin zustimmend, dass sie glaube, es sei dann leichter für sie. Auf ihren Traum verweisend, interpretierte ich, dass sie Angst habe, abhängig von mir zu werden, dass sie das als Einkerkerung erlebe, sodass sie dann wegfliege, also sich in sich zurückziehe, wo sie niemanden zu brauchen scheine, aber sich dann doch einsam fühle und Angst habe, den Kontakt ganz zu verlieren. Die Patientin nickte heftig und kam auf die Abhängigkeit ihrer Mutter von der Flasche zu sprechen. Ich deutete ihre Angst vor Abhängigkeit, als Angst vor einem Objekt, das, wie der Alkohol, nicht hält, was es verspricht und stattdessen zerstörend wirkt. Die Patientin stimmte zu.

In der ersten Stunde nach den Weihnachtsferien erschrak ich über das Aussehen der Patientin. Es schien, als habe sie noch weiter an Gewicht verloren. Auch ihre Haare empfand ich als nicht mehr so gepflegt wie zuvor. Die Patientin schwieg etwa 30 Minuten, und meine Versuche, mit ihr in Kontakt zu kommen, scheiterten. Ihre Unerreichbarkeit setzte mir zu, und ich spürte den Impuls, sie mit Deutungen zu füttern. In den Ferien war ich unerreichbar, jetzt war sie unerreichbar. Als ich schließlich formulierte, dass die Trennung für sie nicht einfach gewesen sei, nickte die Patientin und begann auf ihre Art lautlos zu weinen. Dann sprach sie davon, dass sie sich in den Ferien von allen verlassen fühlte, dass die Beziehung zu ihren Freunden komplizierter geworden sei, und erwähnte beiläufig, dass eine Freundin, der sie lange Briefe schreibe, nur mit kurzen Briefen, ohne „Gefühlsengagement“, antworte.

In den nächsten Stunden sprach die Patientin verschiedentlich über ihr Gewicht. Sie sei sich nicht sicher, ob sie es noch unter Kontrolle habe. Wenn sie hungere, habe sie das Gefühl, niemanden zu brauchen, über den Dingen zu stehen, mit der Nase über den Wolken. Sie komme sich aber trotzdem augenblicklich zu dick vor, könne sich nicht im Spiegel ertragen, fühle sich hässlich. Daraufhin bemerkte ich, dass sie, egal was ich sagen oder tun würde, sie glauben würde, ich fände sie unerträglich. Die Patientin nickte und schwieg einen Augenblick. Sie fuhr damit fort, dass sie manchmal, wenn sie sich im Spiegel sehe, den Impuls habe, sich das Gesicht zu zerschneiden. Mir blieb die Luft weg. Sollte sie das wirklich tun, hätte ich nicht mehr die Kraft, sie weiter zu behandeln. Nach 5 Minuten, in denen ich versuchte, mir klar darüber zu werden, wie die Patientin mich gerade sehen könnte, kommentierte ich, dass sie unbewusst mit aller Kraft versuche, ihre Fantasie, dass ich sie nicht ertragen könne, in die Tat umzusetzen, weil der Gedanke, dass ich sie nicht unerträglich finden würde, ihr große Angst mache.

Die Patientin nickte und erzählte spontan, dass sie während der Ferien, als sie mit dem Bus fahren wollte, an der Bushaltestelle ein kleines Kind mit ihrer Mutter habe spielen sehen. Dann stockte die Patientin und setzte zögernd hinzu, dass sie plötzlich den Wunsch hatte, das Kind vor den Bus zu werfen. Die Vorstellung habe ihr sehr viel Angst gemacht, sodass sie nicht darüber habe sprechen können. Sie habe Angst, dass sie tatsächlich so etwas einmal tun könnte. Daraufhin bemerkte ich, dass sie unbewusst vielleicht selbst das kleine Kind sei und dass es so scheine, als würde sie, bevor sie zulassen könnte, sich von mir behütet zu fühlen, das kleine Kind in ihr lieber umbringen. Die Patientin nickte und entspannte sich merklich. (Es scheint unerträglich für sie zu sein, sich vorzustellen, dass ich sie oder ihr Gesicht mag, weshalb sie es zerstören oder vor den Bus werfen muss. Der Neid auf eine gute Beziehung zwischen Mutter und Kind ist nicht zu ertragen. Aber auch Angst vor den Gefühlen von Getrenntheit und Angewiesensein spielen eine Rolle.)

In den anschließenden Stunden konnte die Patientin sich insgesamt wieder leichter mitteilen. In einer Stunde erzählte sie gleich zu Beginn, ihr Klavier sei gestimmt worden. Ich dachte, dass das Klavier für sie selbst stehe und man es erst stimmen müsse, bevor man ihm Töne entlocken könne. Als ich bemerkte, dass sie möchte, ich solle ihr helfe, dass sie sich selbst stimmen könne, antwortete die Patientin, sie denke, dass sie ein Puzzle sei, von dem jeder glaube, es mit Druck zusammensetzen zu können, ich ihr aber helfen würde, es selbst zusammenzusetzen, und wenn sie Schwierigkeiten damit habe, würde ich höchstens sagen, ob sie es nicht mit diesem Teil einmal versuchen wolle. Die Patientin schilderte auch, dass sie schon als Kind Wahnvorstellungen gehabt habe. Sie habe oft Angst vor Einbrechern gehabt, es draußen ticken gehört und habe sich schon immer sehr einsam gefühlt. Und gehungert habe sie schon damals. Auch sei sie sehr zwanghaft gewesen. Vor dem Einschlafen habe sie ihren Stofftieren immer in der gleichen Reihenfolge „Gute Nacht“ sagen müssen, damit keines der Tiere sich beleidigt fühlen könnte. Sie habe Angst gehabt, dass sonst eines der Tiere sie im Schlaf verfolgen und angreifen könnte. (Aus dem Wächter, Beschützer, wird, wenn er nicht gut behandelt wird, ein Verfolger.) In der folgenden Zeit schwankte die Stimmung in den Stunden sehr. Mal konnte sich die Patientin mitteilen, und mal verstummte sie, schien sich dann verkriechen zu wollen. Aber selbst in diesen Stunden schien der Kontakt nicht ganz abzureißen, denn meine Deutungen beantwortete sie fast immer mit einem mehr oder weniger starken Kopfnicken, und manchmal konnte sie sich auch verbal mitteilen.

So äußerte sie, mit einer sehr zittrigen Stimme, dass sie große Angst habe, mich zu nerven, und bezog sich dabei auf ihr Gewicht. Einmal begründete sie ihren Rückzug damit, dass ein Teil von ihr mir vertraue, aber ein anderer Teil würde mir misstrauen. Und je mehr sie mir vertraue, umso mehr misstraue sie mir. Sie schien auch zu glauben, dass es mir nicht schnell genug gehe und ich sie daher mit Gewalt, ohne Rücksicht auf ihre Möglichkeiten, aus ihrem Rückzugsort vertreiben wolle. Oder sie drückte ihre Vorstellung aus, dass mich schon ihre Anwesenheit schrecklich nerven würde. Als ich formulierte, sie sei anscheinend nach wie vor fest davon überzeugt, dass ich sie so sehen würde, wie sie sich sehe, entspannte sich die Patientin.

Wie ungeheuer ängstigend es für die Patientin aber weiterhin war, sich von mir verstanden zu fühlen, zeigte eine Montagsstunde. Nach anfänglichem Schweigen verriet die Patientin, dass sie gestern Abend einen und heute Morgen zwei Fressanfälle mit anschließendem Erbrechen gehabt habe. Sie berichtete weiter, dass sie heute nach dem Erbrechen jeweils Blut spuckte, dass ihre Haare ganz dünn geworden wären und ihre Fingernägel abbrechen würden. Ich deutete nun, dass sie mit aller Macht versuche, ihre Fantasie, ich könne sie nicht ertragen, Wirklichkeit werden zu lassen.

Als die Patientin dies bestätigte, ergänzte ich, dass sie anscheinend Essen und Verdauen mit der Vorstellung verbinde, ich würde dann über sie triumphieren, während sie sich dann ohnmächtig, hilflos und von mir kontrolliert fühlen würde, was aber für sie so schrecklich sei, sodass sie nicht anders könne, als zu hungern, auch wenn es sie das Leben koste. Und wenn ich nichts zu ihrem Gewicht sagen würde, hätte sie den Eindruck, es sei mir gleich, was für sie ebenfalls schrecklich sei. Die Patientin nickte nachdenklich und schwieg. Inzwischen aber erlebte ich die Angst um ihr Leben und die Angst, sollte sie sterben, dafür verantwortlich gemacht zu werden, so intensiv, dass ich zu ihr sagte, manchmal werde eine Behandlung für einen Krankenhausaufenthalt auch unterbrochen. Die Patientin schwieg eine Weile und antwortete, dass sie auf keinen Fall ins Krankenhaus gehen wolle. Sie wolle es auf jeden Fall selbst schaffen. Auch im Krankenhaus könnte sie sich zu Tode hungern. Nach einer kurzen Pause fuhr sie fort, dass ihre Mutter die Mutter eines Mädchens, das durch Hungern zweimal ins Koma gefallen sei, gekannt habe, und dass man dieser Mutter den Zustand der Tochter angesehen habe, sie sei jedes Mal ein Stück mit gestorben. Sagt sie mir, dass man mir ansehe, wie es mir geht? Glaubt sie nur so zu mir durchdringen zu können?

Ziemlich hilflos bemerkte ich, dass es ihr scheinbar Angst mache, wenn sie den Eindruck habe, ich sei um sie besorgt. Die Patientin nickte, schaute mich bei der Verabschiedung aber nicht an, sondern erst, als sie an der Tür war.

In der darauffolgenden Stunde verriet die Patientin, dass sie im Anschluss an die letzte Stunde über meinen Vorschlag, ins Krankenhaus zu gehen, sehr wütend gewesen sei. Auch deshalb, weil ich so getan hätte, als würde sie gar nichts essen. Dass sie Blut gespuckt hätte und die Nägel brechen würden, hätte mit dem Hungern nichts zu tun. Das habe sie auch schon früher gehabt.

Anschließend stabilisierte sich das Gewicht der Patientin, wenn auch auf einem niedrigen Niveau, sodass ich ihr Leben als nicht mehr so bedroht erlebte wie zuvor. Zwar nahm ich die Patientin weiterhin als zu dünn und mager wahr, aber irgendwie signalisierte sie mir, dass keine unmittelbare Gefahr bestehe. Nach eigenem Bekunden hätte sie ihre Fressanfälle wieder unter Kontrolle. (Also mich.)

Aber nun rückte etwas anderes in den Mittelpunkt der Stunden. Seit einiger Zeit wendete die Patientin regelmäßig zu Beginn der Stunden ihr Gesicht von mir ab, manchmal bis zu 90 Grad. Zu Anfang der Analyse war dies nicht so, nach etwa einem Jahr trat dieses Verhalten sporadisch auf und inzwischen regelmäßig. Wenn die Patientin nun jeweils zu Stundenbeginn ihr Gesicht ruckartig von mir wegdrehte, wobei ihre Haare manchmal das Gesicht vollständig verdeckten, und wenn sie dann schwieg, manchmal die ganze Stunde über, machte mir das doch sehr zu schaffen. Es war, als wären die Patientin und ich durch einen Vorhang voneinander getrennt. Die Patientin erschien mir in diesen Stunden unerreichbar, und wenn meine Bemühungen, sie zu erreichen, zum Reden zu bringen, scheiterten, fühlte ich mich ratlos und hilflos, meiner Sprache beraubt, dachte an Aufgabe. Erreichte ich sie aber doch, sodass sie sich mitteilen konnte, oder begann die Patientin die Stunde sogar von selbst, reagierte ich jeweils mit Erleichterung.

Die Patientin begründete ihr Verhalten damit, dass sie glaube, ihre Anwesenheit sei für mich unerträglich, weshalb sie am liebsten weglaufen oder sich verstecken möchte. Warum ihre Anwesenheit aber für mich unerträglich sein sollte, konnte die Patientin nicht sagen.

Ihr Verhalten und ihre Einfälle machten jedoch deutlich, dass die Patientin mich erlebte, als wären wir durch eine tiefe Kluft voneinander getrennt, als lebten wir in zwei völlig unterschiedlichen Welten, wo ich für sie unerreichbar bin. Und in den Stunden kommunizierte sie dies durch Rollentausch. Da war sie es, die unerreichbar war, während ich verzweifelte, resignierte, mich ohnmächtig fühlte.

Wenn jemand, den sie nicht als sich ähnlich erlebte, sie besuchen wollte, geriet sie in Panik, weil sie glaubte, denjenigen nicht in ihre und ihrer Mutter Wohnung, also in ihre innere Welt, einlassen zu können, ohne nicht vorher aufgeräumt zu haben. Mich ihre Wohnung sehen zu lassen, hielt sie für undenkbar, war fest davon überzeugt, dass ich mich ekeln würde. Und sie vermittelte mir auch stellvertretend für ihre innere Welt Bilder von einer chaotischen Wohnung, in der ich keinen Platz zum Sitzen finden würde, ohne mich zu beschmutzen. Des Weiteren erlebte die Patientin das Sich-Mitteilen nach eigenem Bekunden so, als würde sie sich vor mir ausziehen. Und sie schien Angst zu haben, dass auch ich dies so erleben und dann außer Kontrolle geraten könnte.

Etwa eine Woche vor den Sommerferien machte die bevorstehende Trennung der Patientin wieder zu schaffen. Schon die Wochenenden kämen ihr immer ewig vor, als bliebe die Zeit stehen, sodass sie dauernd auf die Uhr sehen müsse. Auch stellten sich wieder Selbstmordgedanken ein. Als ich ansprach, dass sie vielleicht Angst habe, den damit verbundenen Schmerz nicht aushalten zu können, begann die Patientin lautlos zu weinen. Nur zu erkennen daran, dass Tränen von ihrem Kinn auf ihr T-Shirt tropften.

Dann sprach sie aus, dass sie sich heute sehr einsam gefühlt habe. Als sie es nicht mehr ausgehalten habe, habe sie sich an das Klavier gesetzt und angefangen zu spielen. Sie habe zuvor noch ihre Nachbarin mit den Töpfen klappern hören, aber dann, als sie angefangen habe zu spielen, sei es ganz still geworden. Sie habe sich vorgestellt, ihre Nachbarin höre jetzt zu, und für sie gespielt. Mich bewegten die Worte der Patientin sehr. Ich verstand ihre Darstellung nämlich so, als hätte sie mir sagen wollen, dass die Trennung immer noch sehr schmerze, vielleicht sogar mehr als zuvor, dass sie sich aber vielleicht diesmal nicht völlig von mir abgeschnitten fühlen würde, sondern sich vorstellen könnte, trotz Trennung mit mir in Kontakt bleiben zu können.

Im Spätherbst trug die Patientin verschiedentlich keine Stulpen, und ich war überrascht, wie gut ihre Schnittwunden verheilt waren. Ihr Gewicht hatte sich zuvor über einige Monate hin, wenn auch auf einem niedrigen Niveau, stabilisiert. Außerdem ersuchte mich ein 17-jähriger Jugendlicher um psychotherapeutische Hilfe, wobei er sich auf die anscheinend positive Entwicklung meiner Patientin bezog. Und ich hatte den Eindruck, dass die Patientin mit ihren Gefühlen, auch mir gegenüber, besser in Kontakt war. In dieser Zeit schien sie sich zudem in einen älteren Mann, von dem sie sich verstanden fühlte und den sie beim Tango tanzen kennengelernt hatte, verliebt zu haben. Gleichzeitig aber schien die unbewusste Angst der Patientin, von mir emotional berührt zu werden, zu wachsen. So sprach sie einmal über ein Mädchen, dessen Haut nicht berührt werden darf, weil sonst Pusteln, Geschwüre und Entzündungen an diesen Stellen entstehen würden.

Als einmal die Freitagsstunde und die Samstagsstunde ausfallen mussten, schwieg die Patientin die darauffolgende Montagsstunde fast 25 Minuten, mit abgewandtem Gesicht. Erst als ich ansprach, dass sie vielleicht den Impuls habe, mir zu zeigen, wie es sich anfühlt, wenn man sich im Stich gelassen fühlt, konnte sie sich mitteilen. Sie offenbarte, dass sie sich augenblicklich schrecklich abhängig von mir fühle. Am Freitag habe sie so gut wie nichts gegessen, um sich zu beweisen, dass sie frei und unabhängig sei. Samstag und Sonntag habe sie Fressanfälle gehabt und sich erbrochen und fühle sich jetzt schrecklich fett und hässlich. Sie habe sich zuvor leer gefühlt und glaube, dass sie gefressen hätte, um die Leere auszufüllen.

In den darauffolgenden Wochen verlor die Patientin wieder etwas an Gewicht. Sobald sie aber etwas zunahm, fühlte sie sich fett und hässlich. Ich verspürte verstärkt den Impuls zu handeln, sie mit Deutungen geradezu zu füttern bzw. sie zur Nahrungsaufnahme zu zwingen. Und mir schien, dass sie mich auch deshalb zum Handeln drängte, weil sie anscheinend nur so das Gefühl haben konnte, wahrgenommen zu werden, etwas bewirken zu können. Wenn ich dies mit ihr besprach, schien sie sich für den Augenblick zu entspannen. Sie wisse, dass sie am Abgrund stünde und würde ja gerne etwas zunehmen, wüsste auch, dass es ihr dann besser gehen würde, und sie würde ja auch leben wollen, aber sobald sie etwas zugenommen hätte, fühle sie sich hässlich und fett, wie vergiftet. Ich reagierte auf die Symptomatik der Patientin mit der Angst, dass sie die Behandlung abbrechen, also mich vergessen oder sterben könnte. Und da ich diese Ängste für berechtigt, zu mir gehörend erlebte, dauerte es eine Weile, bis ich meine Ängste als zu intensiv und somit eben auch als die Ängste der Patientin deuten konnte; es schien mir, dass die Patientin anscheinend ihren lebenserhaltenden Selbstanteil in mich verlegte. Als ich daraufhin bemerkte, dass sie sich gegenwärtig sehr allein fühle und schreckliche Angst vor den kommenden Ferien habe, weil sie sich dann den zerstörerischen Impulsen in ihr überlassen und von mir im Stich gelassen fühle, schien es sie doch sehr zu entlasten.

Gleichwohl fiel es ihr zunehmend leichter, sich zu öffnen und mitzuteilen. So berichtete sie, dass sie seit einigen Wochen auch bei ihren Verwandten keine Stulpen mehr trage und sich nun so zeige, wie sie sei. Oder sie erzählte, dass es nicht stimme, dass sie nichts essen würde, sie würde Unmengen von Obst zu sich nehmen, aber niemand würde ihr das glauben oder auch anerkennen Als ich dann ihre Angst, von mir abhängig zu werden, ansprach, antwortete die Patientin, dass es genau das sei, was sie fürchte: von mir verstanden und dann immer abhängiger zu werden. Und anschließend brach es geradezu aus ihr heraus, wo andere schlafen würden, würde sie nur noch fressen. Sie sei unfähig, vernünftig zu essen, sie könne nur fressen oder hungern. Und sie versuche ja etwas zuzunehmen, aber sobald sie etwas zugenommen habe, fühle es sich falsch an, fühle sie sich fett und hässlich.

Im Laufe der weiteren Behandlungsjahre gelang es der Patientin aber mehr und mehr, wenn auch verbunden mit vorrübergehenden Rückschritten, sich selbst besser zu verstehen, mit ihren Gefühlen besser in Kontakt zu kommen, intensive Gefühle auch aushalten zu können und zwischen Fantasie und Realität unterscheiden zu können. Um andere Menschen lesen zu können und ein Gefühl für sich selbst zu bekommen, konnte sie zunehmend auf den inneren Zwang, die Anderen zum Handeln zu drängen, verzichten. Entsprechend veränderte sich auch die Symptomatik. Sie hörte keine Stimmen mehr, musste sich nicht mehr schneiden und konnte ihr Gewicht, wenn auch auf einem niedrigen Niveau, stabilisieren. Und trotz ihrer weiterhin vorhandenen Angst, dass die Anderen sie ablehnen würden, konnte sie eine Beziehung zu einem Mann eingehen, von dem sie nach etwa 2 Jahren schwanger wurde. Aus nachvollziehbaren Gründen zerbrach die Beziehung aber dann. Sie brachte ein gesundes Mädchen zur Welt. Die Frequenz der Behandlung bestand zu dieser Zeit aus einer Sitzung pro Woche. Die Behandlung endete etwa ein Jahr nach der Geburt ihrer Tochter. Bis dahin brachte die Patientin ihre Tochter zu den Behandlungsstunden jeweils mit. Die Patientin zeigte sich dabei als eine liebevolle und geduldige Mutter. Sehr, sehr schwierige äußere Umstände machten ihr das Leben aber schwer, und ob sie stabil genug ist, diese aushalten und bewältigen zu können, bleibt offen. Evtl. wird sie noch einmal Hilfe benötigen.

8.4.3 Zur Essstörung

In dem Buch *„Ich esse deine Suppe nicht"* vertritt die Psychoanalytikerin und Herausgeberin Ulricke Jongbloed-Schurig die Auffassung, dass es **die** Essstörung nicht gibt (Jongbloed-Schurig 2006).

Sie ist ebenfalls mit vielen anderen Psychoanalytikern der Auffassung, dass von den Symptomen einer Essstörung (Magersucht, Bulimie, wahnhafte Essideologien, Fettsucht, Verweigerung bestimmter Speisen) nicht auf die darunterliegende Persönlichkeitsstruktur (Struktur der inneren Welt) geschlossen werden kann und dass die Entwicklung der Persönlichkeitsstruktur keine Vorhersagen auf die spätere Symptomatik erlaubt. Entsprechend gibt es nicht **den** unbewussten Konflikt oder **die** unbewusste Ursächlichkeit, mit der sich die Bandbreite der Essstörungen erklären ließe.

Wie schon zuvor in Abschnitt 8.1 ausgeführt, lassen sich alle psychischen Erkrankungen auf ein Zusammenwirken von inneren (Triebintensität, Frustrationstoleranz) und äußeren (unzureichende psychische Versorgung) Faktoren zurückführen. Sigmund Freud sprach in diesem Zusammenhang von einer Ergänzungsreihe, wo mal die inneren Faktoren und mal die äußeren Faktoren das größere Gewicht haben.

Bei den äußeren Faktoren spielt in vielen Fällen die psychische Versorgung durch die primäre Bezugsperson (in der Regel die Mutter) eine große Rolle. Leidet diese zum Beispiel unter einer Depression, wird ihre Fähigkeit, die Ängste und Gefühle eines Säuglings aufzunehmen und entsprechend zu reagieren, sicher sehr eingeschränkt sein. Stattdessen wird sie dazu neigen, ihre eigenen Ängste in den Säugling zu projizieren, sodass der Säugling ein inneres Objekt verinnerlicht, das er einerseits als unerreichbar und andererseits als unberechenbar und eindringend erlebt und von dem sich der Säugling als abgelehnt und gleichzeitig enorm abhängig fühlt. Die eigene Triebhaftigkeit, der eigene Neid auf das vermeintlich Gute, über das das Objekt verfügt, wird die Situation weiter verschärfen, stellt evtl. auch den Auslöser dar.

Wenn z. B. der Säugling einerseits die beruhigende und stillende Milch aufnimmt, falls er dazu in der Lage ist, sich aber gleichzeitig vor einem feindseligen oder leeren Blick einer kranken Mutter verschließen muss, oder aber diese aufgrund des eigenen Neides so erlebt wird, kann es zu pathologischen Spaltungen kommen, d. h. gute Erfahrungen (gestillt werden) verbinden sich nicht mit einer „guten" Mutter, sondern mit dem Bild einer feindseligen oder leeren Mutter.

Die späteren Patienten fantasieren sich dann oft einen illusionären Rückzugsort oder Schutzraum. In diesem Schutzraum muss alles, was von außen kommt abgewehrt werden, wozu auch die notwendige Nahrung gehört. Weiter gibt es in dieser inneren Welt kein inneres Objekt, das ausreichend helfen könnte, sich selbst, die eigenen Gefühle aushalten oder verstehen zu können.

Um aber gleichwohl den mit dieser inneren Situation verbundenen schrecklichen Gefühlen von Ohnmacht, Hilflosigkeit, Abhängigkeit, Wertlosigkeit, Einsamkeit, Angst, Wut und Hass zu entgehen, fantasieren diese Patienten einerseits eine Ungetrenntheit vom Objekt, wo nicht nur sie auf das Objekt, sondern vor allem auch das Objekt auf sie angewiesen ist. Andererseits aber sind sie immer wieder gezwungen, zu handeln, oder ihre Objekte zum Handeln zu bringen, weil sie anscheinend nur so auf deren innere Verfassung schließen können. Da sind es dann die Anderen, die sich als ohnmächtig, hilflos und wertlos erleben, während sie sich als mächtig, überlegen, unabhängig und über dem Schmerz stehend fantasieren und ihr als wertlos erlebtes Selbst auf die Anderen projizieren.

In dieser inneren Welt werden Hass- und Wutgefühle, aufgrund ihres omnipotenten Charakters, als äußerst gefährlich erlebt, sodass diese daher schon im Keim erstickt oder gegen sich selbst gewendet werden müssen.

Die Vermeidung der Gefühle von Getrenntheit und Abhängigkeit von den Anderen aber wird mit Identitätsverlust bezahlt. Ist der Analytiker jedoch im Rahmen einer Psychoanalyse in der Lage, mit einem solchen Patienten über diese innere Situation ins Gespräch zu kommen, so wird er zwar zu einem Objekt, das einerseits dringend benötigt und daher gierig verschlungen wird, aber andererseits, wenn es im Inneren angekommen ist, als ein verfolgendes Objekt erlebt, das den Patienten fett und hässlich, also abhängig machen will und daher wieder ausgebrochen werden muss. Sicher stellt in diesem Kontext auch die sich entwickelnde infantile Sexualität insbesondere während der Pubertät oder Adoleszenz einen bedeutenden inneren Faktor dar. Durch die wahnhaften Körperwahrnehmungen der Essgestörten werden die sich einstellenden sexuellen Fantasien und Empfindungen als abnorm erlebt, was den Hass auf den eigenen Körper verstärkt.

Und natürlich mischen noch viele weitere innere und äußere Faktoren mit, die für die jeweilige Ausprägung der Essstörung verantwortlich sind, deren weitere Besprechung aber hier zu weit führen würde.

Zusammenfassend lässt sich jedoch sagen, dass im Grunde bei allen Essstörungen eine gestörte Wahrnehmung der inneren und äußeren Welt festzustellen ist und diese Störungen *„sich weder durch Zwangsernährung noch durch Essenspläne auch nur ansatzweise verändern, geschweige denn auflösen lassen"* (Jongbloed-Schurig 2006, S. 125).

9 WEITERE ANWENDUNGEN DER PSYCHOANALYSE

9.1 Vorbemerkung

Die Erkenntnisse der Psychoanalyse stellen nicht nur eine Theorie zur Struktur und Funktionsweise der menschlichen Psyche dar, sondern auch ein Werkzeug, um kulturelle Phänomene und Prozesse untersuchen zu können. Denn alle kulturellen Phänomene, Prozesse und Leistungen wie z. B. die der Werke der Kunst (Literatur, Bilder, Skulpturen, Filme usw.) oder auch gesellschaftliche Überzeugungen, sie alle stellen in je unterschiedlichem Umfang Konfliktlösungen bzw. Kompromissleistungen dar, sind also Resultate unterschiedlichster Ansprüche und Impulse, und zwar nicht nur bewusster, sondern vor allem unbewusster Ansprüche und Impulse.

Sigmund Freud war sich dieser Tatsache schon sehr früh bewusst, und noch 1935, gegen Ende seines Lebens, vermerkte er in einer Nachschrift zu seiner *„Selbstdarstellung“: „Nach dem lebenslangen Umweg über die Naturwissenschaften, Medizin und Psychotherapie war mein Interesse zu jenen kulturellen Problemen zurückgekehrt, die dereinst den kaum zum Denken erwachten Jüngling gefesselt hatten.“* (Freud 1935, S. 32).

Entsprechend zahlreich sind auch Freuds Arbeiten, die er zu kulturellen Problemen verfasst hat, wobei die vielleicht einflussreichsten Arbeiten in zeitlicher Folge die Folgenden sind:

» Der Wahn und die Träume in W. Jensens Gradiva (Freud 1907)
» Eine Kindheitserinnerung des Leonardo da Vinci (Freud 1910)
» Totem und Tabu (Freud 1913)
» Das Motiv der Kästchenwahl (Freud 1913)
» Der Moses des Michelangelo (Freud 1914)
» Massenpsychologie und Ich-Analyse (Freud 1921)
» Die Zukunft einer Illusion (Freud 1927)

» Dostojewski und die Vatertötung (Freud 1928)
» Das Unbehagen in der Kultur (Freud 1930)
» Warum Krieg? (Freud 1933)
» Der Mann Moses und die monotheistische Religion (Freud 1939)

Aber auch andere Psychoanalytiker wie Ernest Jones, Otto Rank oder Kurt Eissler trugen schon zu Freuds Lebzeiten zu dieser nicht klinischen Anwendung der psychoanalytischen Erkenntnisse bei oder entwickelten diese weiter. Dies ist bis heute so geblieben, wobei der Fokus der möglichen Anwendungen sich eher noch erweitert hat. Dazu gehört auch, dass eine Reihe von Nichtanalytikern die Psychoanalyse als sinnvolles Werkzeug für Forschungen in ihrer jeweils eigenen Fachrichtung entdeckt haben. Dies gilt beispielhaft insbesondere für die Interpretation von Literatur und Kultur (De Berg 2005).

Und zum Teil sind aus diesen nicht klinischen Anwendungen eigene Fachrichtungen entstanden, wie die psychoanalytische Pädagogik, die psychoanalytische Kulturwissenschaft oder die psychodynamische Organisationsberatung. Auch die Filmwissenschaft macht sich die Erkenntnisse der Psychoanalyse zu eigen.

So zählt der Filmwissenschaftler James Monaco in seinem Standardwerk zur Geschichte und Theorie des Films *„Vier Blickwinkel"* auf, unter denen ein Film untersucht werden kann (Monaco 2000). Für Monaco sind dies die sozial-politische Perspektive, die technische Perspektive, die ökonomische Perspektive und die psychologische Perspektive, wobei jede dieser Perspektiven über ihr eigenes Bewertungssystem verfügt, und als Bewertungssystem für den psychologischen Blickwinkel nennt Monaco die Psychoanalyse. Als ein Beispiel für die Untersuchung eines Films unter dem psychoanalytischen Blickwinkel, also unter der Verwendung entsprechender psychoanalytischer Theorien wird im nächsten Abschnitt der Film „Taxi Driver" aus dem Jahre 1976 vorgestellt und psychoanalytisch interpretiert. Natürlich stellt eine solche Filmbetrachtung immer nur eine Annäherung dar, was aber den Versuch nicht weniger lohnenswert macht.

9.2 Psychoanalytische Filminterpretation („Taxi Driver")

Martin Scorsese, der Regisseur des Films, zählt zu den bedeutendsten aktiven Filmregisseuren der USA. Als Enkel italienischer Einwanderer 1942 in New York geboren, wuchs Scorsese im New Yorker Stadtteil „Little Italy" auf. Als Kind litt er unter Asthma und verbrachte daher viel Zeit im Haus, am liebsten vor dem Fernseher.

Ursprünglich wollte Scorsese Priester werden, begann aber dann ein Studium der englischen Literatur, um Lehrer zu werden. Schließlich wechselte er erneut und absolvierte eine Ausbildung zum Filmregisseur. Schon einer seiner Studentenfilme, 1964 gedreht, erregte Aufmerksamkeit und wurde als Vorfilm in den Kinos gezeigt.

Sein Durchbruch erreichte Scorsese 1976 mit „Taxi Driver". Weitere Filme, die internationale Anerkennung fanden, sind „Wie ein wilder Stier" (1980), „Good Fellas – Drei Jahrzehnte in der Mafia" (1990), „Zeit der Unschuld" (1993), „Casino" (1995), „Hugo Cabret" (2011) und „The Wolf of Wallstreet" (2013). „Taxi Driver" wurde mit vielen Auszeichnungen belohnt, u. a. auch mit der „Goldenen Palme" bei den Internationalen Filmfestspielen von Cannes 1976. Robert de Niro wiederum erhielt den „Oscar" in der Kategorie „Bester Hauptdarsteller".

Handlungsort des Films ist die Stadt New York City Mitte der 1970er-Jahre. Der arbeitslose und unter Schlafstörungen leidende 26-jährige Travis Bickle (Robert de Niro) nimmt einen Job als Taxifahrer an. Aufgrund seiner Schlafstörungen gibt Travis den unbequemen Nachtschichten bis in die dunkelsten Ecken der Stadt den Vorzug. Dabei gibt Travis immer wieder zu erkennen, dass er seine nächtlichen Fahrgäste und überhaupt die Menschen, die die nächtlichen Straßen von New York füllen, für Abschaum hält. Tagsüber in seiner Freizeit besucht Travis Pornokinos, fährt ziellos umher und führt ein Tagebuch, dem er sich anvertraut. In der Wahlkampfhelferin Betsy (Cybill Shepherd), die für den Präsidentschaftskandidaten Palantine (Leonard Harris) arbeitet, glaubt er den Menschen zu erkennen, der ihm fehlt. Travis beginnt Betsy zu umwerben, und Betsy nimmt seine Einladung zum Kaffee und später zu einem Kinobesuch an. Wieder in seinem Taxi unterwegs, versucht eines Abends die minderjährige Prostituierte Iris (Jodie Foster), die auf der Flucht vor ihrem Zuhälter Matthew (Harvey Keitel) ist, in Travis' Taxi einzusteigen. Der Versuch scheitert, ihr Zuhälter verhindert dies und findet Travis mit 20 Dollar ab. Bei dem Kinobesuch mit Betsy reagiert Betsy sehr irritiert, denn Travis hat sich ein Pornokino ausgesucht. Der Film, der viele Sexszenen enthält, widert Betsy aber an, sodass sie das Kino fluchtartig verlässt. Travis folgt ihr und versichert ihr, dass er nicht gewusst habe, dass sie solche Filme nicht mögen würde. Betsy aber steigt in ein Taxi. Travis versucht das Geschehene ungeschehen zu machen, er ruft an und entschuldigt sich, und er schickt ihr Blumen, die Betsy aber nicht annimmt. Wütend konfrontiert er Betsy im Büro damit, wird jedoch von einem Kollegen mit der Drohung, die Polizei zu rufen, des Büros verwiesen.

Es ist Nacht und Travis durchstreift mit seinem Taxi wieder einmal ziellos die Stadt. Da begegnet ihm erneut die minderjährige Iris. Travis verfolgt sie, bis sie sich einem Freier zuwendet. Diese Begegnung löst etwas in Travis aus. Er kauft sich Waffen und trainiert, um seine alte Fitness als U. S. Marine wiederzuerlangen. Dabei steigert er sich zunehmend in die Vorstellung hinein, die Straßen von New York selbst säubern zu müssen. Als er zufällig Zeuge eines Raubüberfalls wird, schießt er den Verbrecher nieder, muss aber selbst fliehen, da er keinen Waffenschein besitzt. Travis erfindet sich neu in dem Glauben, in geheimer Regierungsmission unterwegs zu sein. Er passt Iris ab und bietet ihr an, sie vor ihrem Zuhälter zu retten. Iris lehnt ab, gleichwohl verabreden sie sich aber für den folgenden Tag. Travis optimiert inzwischen sein Training und legt sich einen Irokesen-Haarschnitt zu. In diesem Outfit taucht er auch auf einer Wahlkampfveranstaltung des Senators Palantine auf. Offensichtlich mit der Absicht, diesen zu erschießen. Er wird aber von dessen Leibwächtern vorzeitig identifiziert und muss daher fliehen. Etwas später sucht er das Stundenhotel auf, in dem Iris arbeitet. Dort tötet er gezielt Iris' Zuhälter, den Hotelinhaber und auch einen Freier. Travis wird aber bei diesen Aktionen selbst schwer verletzt, und die ankommenden Polizisten finden ihn daher auf dem Boden liegend. Mit einem Zeigefinger zeigt er dabei auf seine Schläfe, als wolle er sich selbst erschießen. Die Kamera schwenkt anschließend von Travis weg und zeigt dem Zuschauer die blutige Spur, die Travis hinterlassen hat. Die Medien sehen in Travis einen Helden und feiern ihn entsprechend. Iris' Eltern danken ihm in einem Brief für die Rettung ihrer Tochter. Travis fährt wieder Taxi. Er besitzt wieder volles Haar und fährt Betsy, die in seinem Taxi sitzt, nach Hause. Travis bringt seine Hoffnung, dass Senator Palantine die Wahl gewinnen möge, zum Ausdruck. Betsy wiederum gibt zu erkennen, dass sie in der Zeitung gelesen habe, was passiert sei, und erkundigt sich nach seinem Befinden. Travis gibt sich gelassen. Die Medien würden immer übertreiben. Er erlässt ihr den Preis für die Fahrt und fährt lächelnd davon, blickt allerdings unsicher über den Rückspiegel zurück (www.wikipedia.de).

„Taxi Driver" ist also zunächst sicher ein Film über die Einsamkeit und Entfremdung in der Großstadt und ein sehr bewegender, den Zuschauer fesselnder und in das Geschehen hineinziehender Film noch dazu. Aber nicht jede Einsamkeit führt zwangsläufig zu einem Gewaltdurchbruch, oder, um die Dinge beim Namen zu nennen, in die Psychose.

Travis Bickle, beeindruckend gespielt von Robert de Niro, ein in Ehren entlassener Ledernacke, kann nachts nicht mehr schlafen und sucht daher einen Job, um sich abzulenken. Travis hofft auf diese Weise seinen Schlaf, seine innere Ruhe wiederfinden zu können. Und statt seine Zeit mit Nichtstun zu verbringen, könne er in dieser Zeit auch genauso gut Geld verdienen. Was Travis nicht schlafen lässt, wird nicht explizit erwähnt. Weil Travis ein Ledernacke war und dies unwillkürlich an den Vietnamkrieg denken lässt, entsteht die Vorstellung, dass es vielleicht die noch nicht verarbeitenden Erlebnisse dieses Krieges sind, die Travis noch immer verstören, nachts verfolgen und ihm so den Schlaf rauben. Aber die Hypothese wird durch die nachfolgenden Filmszenen nicht wirklich bestätigt.

Travis nimmt also seine Arbeit als Taxifahrer auf. Er arbeitet sehr viel. Aber selbst nach 12 Stunden harter Arbeit kann er immer noch nicht schlafen. Travis fühlt sich sehr einsam. Da ihm ein Mensch, mit dem er sich austauschen könnte, fehlt, vertraut er seine Gedanken einem Tagebuch an. Die Bilder der nächtlichen Stadt, wie sie von Scorsese gezeigt werden, werden vom Zuschauer als schön und hässlich zugleich, aber voller Leben, wahrgenommen. Travis jedoch fühlt sich vom nächtlichen Treiben abgeschnitten und ausgeschlossen, was seine Gefühle von Einsamkeit und Ausgeschlossensein intensiviert. Als Folge davon erlebt er die nächtliche Stadt zunehmend als eine Stadt des Gesindels, der Huren und Fixer, des Abschaums, den es auszumisten gilt, so wie der griechische Held Herakles die Ställe des Augias ausmistete. Travis' sehr subjektive und auch selektive Sicht auf die nächtliche Stadt lässt aber etwas davon erahnen, wie es um seinen inneren Zustand, seine unbewusste innere Welt, bestellt ist.

Bevor jedoch darauf weiter eingegangen wird, sollen hier zunächst die in den vorhergehenden Kapiteln ausgeführten psychoanalytischen Theorien noch einmal, soweit dies für diese Filminterpretation sinnvoll erscheint, zusammengefasst dargestellt werden.

Von Geburt an lebt der Mensch in 2 Welten, einer äußeren, realen Welt und einer inneren Welt, einer Fantasiewelt, die zum größten Teil aber zutiefst unbewusst ist.

Während die äußere Welt vorgefunden wird, entwickelt sich die innere Fantasiewelt aus dem zwingenden Bedürfnis, das Wesen und die Beschaffenheit der inneren und äußeren Reize, denen der Säugling von Beginn an ausgesetzt ist, zu verstehen. Zu den inneren Reizen gehören beispielsweise die biologischen Bedürfnisse, die sexuellen und aggressiven Triebwünsche, aber auch die Bedürfnisse nach Sicherheit und Wohlbehagen. Die Reize aus der äußeren Welt bzw. das Bild, das der Säugling, aber auch der erwachsene Mensch sich davon macht und das er sozusagen verinnerlicht, ist allerdings ein ungenaues, verzerrtes Bild. Dies liegt einmal an der Begrenztheit seines Wahrnehmungsapparates und zum anderen an der Tatsache, dass jede Wahrnehmung massiv durch den jeweils akuten Zustand der inneren Welt, der gerade vorherrschenden Fantasien und Gefühle, beeinflusst wird. Ein wütender Mensch nimmt seine Umwelt anders wahr als ein liebender Mensch, der sie aber nicht unbedingt realistischer wahrnimmt. Darüber hinaus dienen diese Fantasien des Menschen jedoch einer zusätzlichen Funktion, nämlich die Kluft zwischen Bedürfnis und Befriedigung zu überbrücken, d. h., die Bedürfnisse mithilfe allmächtiger Fantasien als erfüllt darzustellen bzw. im äußersten Fall als erfüllt zu halluzinieren.

Für den Menschen ergibt sich aus dieser Dualität von innerer und äußerer Welt die lebenslange Aufgabe, beide Welten in Einklang zu bringen, also seine bewussten und unbewussten Fantasien einer – von Freud so genannten – Realitätsprüfung zu unterziehen, d. h. die Fantasien, die nicht mit der Realität übereinstimmen, aufzugeben bzw. zu adaptieren. Ob dies aber gelingt, hängt wiederum von dem gerade akuten Zustand der menschlichen Psyche ab.

Durch die Arbeiten der Psychoanalytikerin Melanie Klein sind 2 Funktionsweisen der menschlichen Psyche bekannt. In der ersten und ursprünglicheren Funktionsweise, von Melanie Klein die **paranoid-schizoide Position** genannt, werden, aufgrund heftiger innerer Konflikte zwischen Liebe und Hass, die wiederum intensivste Angstgefühle auslösen, zu Abwehrzwecken das Selbstbild und ebenso die Objektbilder in der Fantasie unbewusst in gute und böse Selbstbilder und gute und böse Objektbilder gespalten.

Weiterhin werden die bösen Selbstanteile und die bösen Objekte, um sie gewissermaßen loszuwerden, auf die äußeren Objekte projiziert. Was das Individuum ursprünglich von innen her bedrohte, ist nun zu einer äußeren Bedrohung geworden. Auf diese Weise wird eine innere und äußere Welt geschaffen, die vornehmlich durch Spaltung und Verleugnung gekennzeichnet ist.

Eine Konsequenz dieser Vorgänge besteht darin, dass die Grenze zwischen innen und außen verschwimmt, Selbst und Objekt miteinander verschmelzen, die innere Stimme wird zur äußeren Stimme. Dies veranlasste die englische Psychoanalytikerin Hanna Segal zu der Bemerkung, dass es sie doch immer wieder sehr beeindruckt, wie Patienten, die akut psychotisch sind, in ihre Augen sehen und sagen: „Ich weiß, was Sie gerade denken." Zu dieser wahnhaften Überzeugung gelangt der psychotische Mensch aber deshalb, weil er zuvor unbewusst seine eigenen Gedanken in sein Gegenüber hineinprojiziert hat. Im psychotischen Zustand ist dies eine bewusste Wahnvorstellung, während im neurotischen Zustand dies eine unbewusste Fantasie bleibt, die aber nichtsdestoweniger die Wahrnehmung der äußeren Objekte beeinflusst.

In der zweiten Funktionsweise der menschlichen Psyche, von Melanie Klein **depressive Position** genannt, ist es dagegen möglich, die inneren Konflikte psychisch zu verarbeiten, die Angst auszuhalten, und so das abgespaltene Böse als einen Teil des eigenen Selbst zu erkennen und zu akzeptieren und um das vermeintlich Angerichtete zu trauern. Spaltungen und Projektionen können zurückgenommen werden und die Getrenntheit von Selbst und Objekt ausgehalten werden. Fantasien können zugunsten der Realität aufgegeben bzw. adaptiert werden.

Zurück zum Film.

Travis' unbewusste innere Welt scheint zersplittert zu sein. Das Gesindel und der Abschaum, den er draußen überall wahrnimmt, sind Projektionen seiner inneren Welt, innerer Figuren, die abgespaltene Selbst- und Objektanteile darstellen, von denen sich Travis bedroht und verfolgt fühlt und die ihn auch nachts nicht zur Ruhe kommen lassen, sodass er keinen Schlaf findet. Und das nächtliche New York mit seinen realen Huren und Fixern liefert Travis dazu die passende Leinwand, macht es ihm leicht, seine Projektionen vorzunehmen, den Unterschied zwischen Innen und Außen, zwischen Fantasie und Realität zu verwischen.

Travis' dringliches Bedürfnis, die Stadt von ihrem Abschaum zu befreien, sie zu reinigen, entspricht seinem inneren Bedürfnis, sich selbst von seinen inneren Verfolgern zu befreien, sich zu reinigen. Travis' innerer Zustand beeinflusst auch die Art und Weise, wie er sich Betsy nähert. Travis verliebt sich sehr schnell und auf eine anrührende Weise in Betsy. Aber auch hier verlässt ihn sein Realitätssinn. Für Travis stellt Betsy eine Gegenfigur zu seinen inneren nächtlichen Verfolgern dar. Dass aber auch Betsy ein Opfer seiner Projektionen ist, wird deutlich, als Travis Betsy erklärt, wer sie sei und wie sie denke. Travis verhält sich so, weil er nicht in der Lage ist, die reale Betsy von seiner fantasierten Betsy zu unterscheiden. Auch Betsys Verehrer wird auf diese Weise von Travis verortet. Da auch hier Travis' Projektionen teilweise zutreffen, ist Betsy beeindruckt und fühlt sich irrtümlicher Weise von Travis verstanden. Das Missverständnis fliegt auf, als Travis Betsy ins Kino einlädt. Da Travis nur schwerlich zwischen Fantasie und Realität, Innen und Außen, zwischen seiner fantasierten Betsy und der realen Betsy unterscheiden kann, geht er wie selbstverständlich davon aus, dass die Filme, die ihm gefallen, auch Betsy gefallen. Aber Betsy fühlt sich durch den Porno abgestoßen, und sie wehrt sich unbewusst dagegen, zu einer Projektionsfigur gemacht zu werden; für was hält Travis sie? Bei dem abschließenden Wortwechsel formuliert Betsy, um was es geht: „Uns trennen Welten", während Travis nicht versteht, was los ist, weil er sich nicht wirklich in Betsy einfühlen kann, sondern in Betsy nur das sehen kann, was er zuvor hineinprojiziert hat.

Mit Betsys Rückzug und Weigerung, die Beziehung erneut aufzunehmen, bahnt sich aber die Katastrophe an. Die Balance von Travis' Innenwelt ist zerstört, bzw. das innere gute Objekt Betsy, das ein Gegengewicht zu den inneren Verfolgern darstellte, seine Einsamkeit linderte, ist verloren gegangen.

Die Enttäuschung darüber, dass Betsy, trotz all seiner in seinen Augen zwingenden Bemühungen, unerreichbar bleibt, verstört Travis und weckt seinen Hass. Travis' Weg, seine Einsamkeit und Enttäuschung und den damit verbundenen psychischen Schmerz zu verarbeiten, besteht darin, sich von der Realität zurückzuziehen und in eine Fantasiewelt zu flüchten.

Travis wird zum Träger einer geheimen Mission, nämlich die Stadt von ihrem nächtlichen Unrat zu befreien. Dazu begibt er sich auf den Kriegspfad. Seine neue Aufgabe scheint seinem Dasein einen Sinn zu verleihen. Seine Begleiter auf seinem Kriegszug sind seine Waffen, mit denen Travis mehr und mehr verschmilzt, sodass sein ganzer Körper zu einer lebenden Waffe wird. Seine Waffen helfen ihm, seine Ohnmacht gegenüber seiner Einsamkeit in ein Gefühl von geheimer Allmacht zu verdrehen. Sie repräsentieren für Travis unbewusst einen allmächtigen Penis, mit dem er überall aggressiv eindringen und seine Objekte in Besitz nehmen und kontrollieren kann.

Noch ist dem Zuschauer nicht klar, für welche konkrete Tat sich Travis vorbereitet, aber die Art und Weise, wie Travis sich vorbereitet, sein ausgemergelter Körper, das Ritualhafte seiner Handlungen, macht deutlich, dass es für Travis um eine höhere Mission, die reinigenden Charakter hat, geht. Seine Kriegsvorbereitungen sind Kreuzungsvorbereitungen. In seinem Brief an seine Eltern gestattet Travis dem Zuschauer einen kurzen Blick in seine wahnhafte Fantasiewelt. Er sei mit einem netten Mädchen namens Betsy zusammen, seine Adresse könne er aber wegen einer geheimen Mission nicht verraten. Einen weiteren Aspekt seiner wahnhaften Fantasiewelt verrät uns die Szene, in der Travis mit der Waffe in der Hand in den Spiegel schaut, sein Spiegelbild dabei anvisiert und die Welt als eine Ratte, eine homosexuelle Ratte bezeichnet.

Dass Travis' unbewusste homosexuelle Impulse durch die Enttäuschung, die er durch Betsy erfuhr, intensiviert wurden, wird durch mehrere Szenen belegt, zum Beispiel durch seinen ehrfürchtigen Umgang mit seinen Waffen oder die Art und Weise, wie er sich später dem Zuhälter von Iris nähert. Dass ihn sein Rückzug in die Fantasiewelt aber nicht wirklich vor den Schmerzen der Einsamkeit schützt, zeigt die Szene, wo Travis fernsieht und der Fernseher gerade bei den Worten „Ich liebe ihn" umkippt und implodiert. Als Travis der jugendlichen Iris durch Zufall erneut begegnet, entwickelt er die Vorstellung, sie retten zu müssen. Iris aber kann zunächst nicht verstehen, was Travis von ihr will, während Travis seinerseits nicht verstehen kann, dass Iris seine Gedanken nicht teilt. Gleichzeitig ringt Travis heftig mit der Versuchung, die von Iris ausgeht. Seine Angst vor Iris bzw. vor seinen unbewussten Impulsen und Wünschen verhindert auch, dass Travis, als Iris ihm anbietet, mit ihr zusammen in eine Kommune zu ziehen, diese Gelegenheit ergreift. Travis ist nicht wirklich beziehungsfähig, weil er Getrenntheit nicht ertragen kann, weshalb er seine Objekte auf omnipotente, narzisstische Weise kontrollieren muss. Und so behauptet Travis, dass er wegen eines Regierungsauftrags hierbleiben müsse, seine gelbe Kiste sei nur Tarnung. Damit scheint Travis seiner Fantasiewelt endgültig verfallen zu sein. In einer Art heiligem Vorbereitungsritual verbrennt er Betsys Blumen und rüstet sich für den Kriegspfad. Dabei stellt sich die Frage, warum Travis sich ausgerechnet Senator Palantine für sein Attentat ausgesucht hat. Betsy und Palantine sind für Travis miteinander verbunden und stellen für Travis vielleicht unbewusst ein verschmolzenes Elternpaar dar, dem sein ganzer Hass gilt. Andererseits aber scheitert Travis mit seinem Attentatsversuch, und es scheint, dass sein mörderischer Plan unbewusst darauf angelegt ist, zu scheitern. Vielleicht aus Angst vor einem inneren Verfolger. Gleichzeitig scheint er aber aus diesem fehlgeschlagenen Mordversuch insofern Gewinn zu ziehen, als dass sein Scheitern ihm die notwendige destruktive Energie liefert für das grauenvolle Geschehen, das folgt.

Travis' blutige Tat, die den Höhepunkt des Films darstellt, und die etwas zwingend Logisches an sich hat, scheint für Travis die letzte und einzige Möglichkeit darzustellen, seine innere Welt von seinen inneren Verfolgern zu befreien, zu reinigen. Entsprechend entspannt zeigt sich Travis, als die Tat vollbracht ist. Und als er mit seiner blutigen Hand auf seinen Kopf zielt und abdrückt, scheint er unbewusst auszudrücken, wem sein Kampf eigentlich galt, nicht seinen äußeren, sondern seinen inneren Verfolgern. Dass Travis anschließend als Held gefeiert und nicht verurteilt und vielleicht in psychotherapeutische Obhut gegeben wird, hat für den Zuschauer etwas Unerwartetes. Es bedeutet eigentlich, dass Travis' individueller Wahn auch von seiner Umwelt Besitz ergriffen hat, zu einem kollektiven Wahn geworden ist und zeigt, wie verführerisch Wahnsysteme, und dazu gehört so manche Ideologie, sein können bzw. sind. Auch wenn Travis in der letzten Filmszene, als er Betsy zufällig wiedersieht, sehr gelassen wirkt, so darf bezweifelt werden, ob dies von langer Dauer ist.

10 ZUR AUSBILDUNG

Die Ausbildung zum Psychoanalytiker findet außerhalb der Universitäten in Instituten der verschiedenen psychoanalytischen Fachgesellschaften (Deutsche Psychoanalytische Vereinigung [DPV], Deutsche Psychoanalytische Gesellschaft [DPG] usw.) statt. Beispielhaft für die Ausbildungsregularien werden im Folgenden die Ausbildungsrichtlinien der Deutschen Psychoanalytischen Vereinigung (DPV) im Kern vorgestellt (www.dpv-psa.de). Um zur Ausbildung zugelassen zu werden, muss der Bewerber in der Regel ein abgeschlossenes Hochschulstudium der Medizin oder Psychologie (Diplom- oder Masterabschluss) vorweisen können. Des Weiteren werden, um über die persönliche Eignung des Bewerbers befinden zu können, mindestens drei sogenannte Bewerbungsinterviews durchgeführt.

Die Ausbildung selbst dauert etwa 6 bis 10 Jahre und umfasst: 1. Die Lehranalyse; 2. theoretische Lehrveranstaltungen und Praktika; 3. die praktische psychoanalytische Ausbildung.

Mit **Lehranalyse** ist die Psychoanalyse des Ausbildungsteilnehmers gemeint. Die Frequenz dieser Analyse beträgt mindestens 4 Sitzungen pro Woche (im Liegen) und begleitet in der Regel die gesamte Ausbildung. Die Analyse wird durchgeführt von dafür qualifizierten Lehranalytikern und unterscheidet sich nicht von einer normalen psychoanalytischen Behandlung. Sie stellt den zentralen Teil der Ausbildung dar und dient dazu, die Ausbildungsteilnehmer in Kontakt mit ihrem eigenen Unbewussten zu bringen, denn dies ist eine Voraussetzung dafür, dass angehende Analytiker nach Abschluss der Ausbildung im Rahmen ihrer Berufstätigkeit dann in der Lage sind, zwischen ihren unbewussten Konflikten, Bedürfnissen, Ängsten und Wünschen und den unbewussten Konflikten, Bedürfnissen, Ängsten und Wünschen der Patienten unterscheiden zu können.

In theoretischen Lehrveranstaltungen werden die Grundlagen und die gegenwärtigen Erkenntnisse der Psychoanalyse vermittelt. Nach mindestens eineinhalb Jahren in Lehranalyse und der ausreichenden Teilnahme an theoretischen Lehrveranstaltungen und klinischen Praktika beginnt die praktische Ausbildung. Zuvor muss der Teilnehmer aber im Rahmen eines Vorkolloquiums seine Befähigung entsprechend nachweisen. Des Weiteren sollten Ärzte ohne psychiatrische Fachausbildung und Psychologen bis zum Vorkolloquium, spätestens aber vor Abschluss der Ausbildung, psychiatrische Kenntnisse und eine einjährige klinisch-psychiatrisch-psycho-somatische Erfahrung nachweisen. In der anschließend beginnenden praktischen Ausbildung geht es neben der weiteren Teilnahme an theoretischen Lehrveranstaltungen insbesondere um die Anleitung zur psychoanalytischen Krankenbehandlung mit Unterstützung dazu ermächtigter Psychoanalytiker. Die Behandlung erfolgt in einer Behandlungsfrequenz von mindestens 4 Sitzungen pro Woche mit einer begleitenden Unterstützung (Supervision) von 1 Stunde pro Woche.

Um die Ausbildung abschließen zu können, muss die erfolgreiche Behandlung von 2 Patienten über einen ausreichend langen Zeitraum (jeweils mindestens 300 Sitzungen) nachgewiesen werden. In einem abschließenden Kolloquium ist einer der beiden Fälle vorzustellen.

Um aber Krankenbehandlungen im Rahmen der vertragsärztlichen Versorgung durchführen zu können, müssen im Rahmen der psychoanalytischen Ausbildung auch die Psychotherapie-Richtlinien des Bundesausschusses der Ärzte und Krankenkassen erfüllt werden. In der Regel verfügen die Institute der psychoanalytischen Gesellschaften über die entsprechende Zulassung.

11 ZUM LEIB-SEELE-PROBLEM

Das Leib-Seele-Problem ist eines der ältesten Probleme der Philosophie, und es enthält große Rätsel, die vielleicht niemals gelöst werden. Im Kern geht es um die Frage nach der Beziehung zwischen Leib (Körper) und Seele, sind beide eigenständig, oder lässt sich das Seelische auf das Physische reduzieren?

Durch die Fortschritte der Neurowissenschaften hat das Leib-Seele-Problem gegenwärtig an Aktualität gewonnen, wobei die Begrifflichkeit sich entsprechend verändert hat, d. h., die Frage nach der Beziehung zwischen Leib und Seele ist durch die Frage nach der Beziehung zwischen Gehirn und Psyche (Geist, Bewusstsein, Ich) bzw. zwischen materiellen Zuständen (also den Zuständen der Nervenzellen und Molekülen des Gehirns) und psychischen (mentalen, geistigen) Zuständen (Gedanken, Gefühle, Wünsche, Wahrnehmungen usw.) ersetzt worden. Und die Kernfrage lautet nun, ob psychische Zustände (oder Gefühle wie Liebe, Hass, Angst) eigenständig sind, die physikalischen Vorgänge des Gehirns nur begleiten, oder lassen diese sich auf die physikalischen Gehirnvorgänge reduzieren und sind damit bloß eine Illusion? Damit eng verbunden sind auch die Fragen nach der Entstehung des Bewusstseins aus Materie und ob es so etwas wie einen freien Willen gibt.

Einer der Philosophen des 20. Jahrhunderts, der sich mit dem Leib-Seele-Problem intensiv befasst und auch eine eigene Theorie dazu entwickelt hat, ist Karl Raimund Popper.

Karl Raimund Popper gilt als einer der einflussreichsten Philosophen des 20. Jahrhunderts. Als Wissenschaftstheoretiker und Sozialphilosoph ist er vor allem bekannt geworden durch seine Bücher *„Logik der Forschung“* und *„Die offene Gesellschaft und ihre Feinde“*. Neben diesen beiden Büchern hat Popper aber in zahlreichen weiteren Büchern, in Vorträgen und Aufsätzen in einer Vielzahl von Wissensgebieten, von der Mathematik über die Biochemie bis zur Quantenphysik, Anstöße gegeben.

Zusammen mit John Eccles, der für seine gehirnphysiologische Forschung mit dem Medizin-Nobelpreis ausgezeichnet wurde, diskutiert Popper (Popper und Eccles 2002) die Beziehung zwischen Körper und Geist in eindrucksvoller Klarheit. Während Eccles neurowissenschaftlich argumentiert, wobei evtl. aufgrund neuerer neurowissenschaftlicher Erkenntnisse Eccles' Argumentation vielleicht nicht mehr ganz aktuell ist, argumentiert Popper rein logisch. In einer Reihe von späteren Vorträgen und Veröffentlichungen hat Popper (Popper 2002, 2005) seine Position zusammengefasst, und da hier nicht der Platz ist, um seine Ausführungen in *„Das Ich und sein Gehirn"* auch nur annähernd wiederzugeben, beschränkt sich die hier vorgestellte Zusammenfassung überwiegend auf Poppers eigene Kurzfassungen.

Popper zufolge leben wir in 3 Welten, die er Welt 1, Welt 2 und Welt 3 nennt. Welt 1 stellt dabei den physischen Kosmos dar, d. h., die Gegenstände dieser physikalischen Welt sind Prozesse, Kräfte, Kraftfelder und eben materielle Dinge. Neben den physikalischen Gegenständen und Zuständen vermutet Popper aber noch eine Welt 2 der psychischen (mentalen, geistigen) Zustände, wie z. B. Gedanken, Empfindungen, Wahrnehmungen usw., und dass diese Zustände wirklich sind. Welt 3 wiederum stellt die Welt der Produkte des menschlichen Geistes dar. Dazu gehören z. B. die Sprache, Erzählungen, Musikstücke, soziale Einrichtungen ebenso wie wissenschaftliche Theorien. Ein Buch beispielsweise gehört als physisches Ding zur Welt 1. Das Verstehen des Inhalts dieses Buchs gehört zur Welt 2 und der Inhalt selbst, d. h. die Theorie, die dargestellt wird, oder die Geschichte, die erzählt wird, gehört zur Welt 3. Das Leib-Seele-Problem präsentiert sich damit als die Frage, ob und wie die Denk- bzw. psychischen Vorgänge der Welt 2 mit den Gehirnvorgängen in Welt 1 verbunden sind, d. h., sind psychische Zustände eigenständig, kommen diese zu physikalischen Vorgängen im Gehirn hinzu, oder lassen sich diese auf die physikalischen Gehirnvorgänge reduzieren und sind somit nur eine Illusion?

Für Popper ergeben sich zu diesen Fragen oder Problemen 4 grundsätzliche Lösungsversuche:

> „*(1) Psychophysische Wechselwirkung: Welt 2 und Welt 1 stehen in Wechselwirkung, so dass beim Lesen eines Buches oder beim Zuhören bei einem Vortrag Gehirnvorgänge entstehen, die auf die Welt 2 der Gedanken des Lesers oder Hörers wirken; und umgekehrt, wenn ein Mathematiker einem Beweis folgt, dann wirkt seine Welt 2 auf sein Gehirn und damit auf die Welt 1. Das ist also die These der psychophysischen Wechselwirkungen.*
>
> *(2) Psychophysischer Parallelismus: Jeder Denkvorgang in der Welt 2 läuft mit einem Gehirnvorgang in der Welt 1 parallel.*
>
> *(3) Reiner Physikalismus oder Verhaltensphilosophie oder philosophischer Behaviorismus: Das ist die These, dass es nur eine Welt gibt, nämlich Welt 1. Und in ihr gibt es Bewegungen der Menschen und Tiere oder das Verhalten von Menschen und Tieren. Das, was ich Welt 2 nenne, existiert einfach nicht, und natürlich erst recht nicht, was ich Welt 3 nenne.*
>
> *(4) Reiner Psychismus oder Spiritualismus: Das ist die These, dass nur ‚eine Welt 2 existiert und Welt 1 nur meine Vorstellung ist.‘*“ (Popper 2005, S. 118 f.)

Anschließend diskutiert Popper die verschiedenen Lösungsansätze und kommt dabei zu dem Ergebnis, dass die psychophysische Wechselwirkungstheorie, d. h., dass Geist und Gehirn aufeinander einwirken, die einzige Theorie darstellt, die es verdiene, ernst genommen zu werden. Sein wichtigstes Argument für diese Theorie lautet:

> *„Ich komme jetzt zu meinem wichtigsten Argument. Betrachten Sie, bitte, unsere physikalische Umwelt, Welt 1, daraufhin, wie sehr sie durch die Theorie der Welt 3 verändert wurde, zum Beispiel durch die Atomtheorie oder die Hertzschen Wellen, das heißt, die Theorie der Funksendung, die für die Kontrolle der Mondraketen so wichtig ist. Wenn wir die Welt 1 und vor allem die Änderungen in der Welt 1 in dieser Weise betrachten, dann scheint es mir doch klar zu sein, dass die physische Welt nicht gegen die Welten 2 und 3 kausal abgeschlossen ist. Aber der Versuch, die kausale Abgeschlossenheit der Welt 1 zu retten, ist logisch gesehen das Hauptmotiv, den ersten und ältesten Lösungsversuch, die psychophysische Wechselwirkung, durch den Parallelismus (oder auch den reinen Physikalismus) zu ersetzen. Dieser Versuch scheint mir unrealistisch zu sein. Und obwohl ich, als früherer Student der Physik und Lehrer der Physik sehr gut sehe, warum es so schwer ist, die kausale Unabgeschlossenheit der Physik zuzugeben, so scheint mir diese Ideologie durch die Tatsachen widerlegt zu sein. Die Ideologie von der kausalen Abgeschlossenheit der physischen Welt stammt aus einer Zeit, in der die ganze Physik Mechanik war. Diese Ideologie ist schon durch die Notwendigkeit, eine elektromagnetische Theorie anzunehmen, widerlegt.“* (Popper 2005, S. 121 f.)

> Und *„die Tatsache, dass unsere Theorien, die zur Welt 3 gehören, auf dem Umweg über die Welt 2 auf die Welt 1 einwirken, spricht gegen die These von der kausalen Abgeschlossenheit der Welt 1. Aber damit fallen alle Gründe gegen die Lehre von der psychophysischen Wechselwirkung in sich zusammen“* (Popper 2005, S. 123).

Die Frage der Entstehung der Welt 2, also die Frage nach der Entstehung des Bewusstseins (und auch des Unbewussten), findet Popper unglaublich schwierig zu beantworten. Letztlich hält Popper sich daher an die Idee oder Theorie der Emergenz, die auf die Tatsache verweist, *„dass im Verlauf der Evolution neue Dinge und Ereignisse mit unerwarteten und tatsächlichen*

Eigenschaften auftreten" (Popper 2002, S. 44). Damit ist Welt 2, auch wenn diese eigenständig und wirklich ist, gleichwohl an ein biologisches Substrat (Welt 1) gebunden. Für Popper ist die menschliche Seele, ähnlich wie die Materie, keine Substanz, sondern eine ungemein komplizierte Struktur. Und sie besteht nicht nur aus Bewusstheit.

Popper zweifelt nicht daran, „*dass die Disposition, Selbstbewusstsein oder ein Ich zu entwickeln, angeboren ist; aber wir brauchen sozialen Umgang mit anderen Menschen und vor allem das Erlernen einer Sprache und sprachlich formulierte Theorien, um zu lernen, dass wir ein Ich haben*" (Popper 2005, S. 124).

Welt 2 und Welt 3 stehen also in einer sehr engen Verknüpfung oder Wechselwirkung, sodass das menschliche Selbst- oder Ichbewusstsein für Popper ohne die Existenz der Welt 3 unverständlich bleibt. Schließlich aber, und auch wenn für Popper das Wie der Wechselwirkung von Leib und Seele ungelöst bleibt, besitzen für Popper die Argumente, die für die Existenz dieser 3 Welten und deren Wirklichkeitscharakter sprechen und dass diese Welten aufeinander einwirken, doch eine große Überzeugungskraft.

Für die Zusammenarbeit zwischen Neurowissenschaft und Psychoanalyse besitzt Poppers Hypothese zum Leib-Seele-Problem eine große Relevanz. Sollte nämlich die Wechselwirkungstheorie wahr sein, würde dies z. B. die Relevanz der Forschungsergebnisse der Neurowissenschaft gegenüber den psychoanalytischen Theorien erheblich einschränken, eine Position, die auch von den Psychoanalytikern Blass und Carmeli (2007) vertreten wird, auch wenn Blass und Carmeli ihre Position nicht explizit auf ein entsprechendes Leib-Seele-Modell stützen. Es verhält sich dann eigentlich so, dass die Neurowissenschaft eher von der Psychoanalyse profitieren kann und nicht umgekehrt. So meint Leuschner, obwohl dieser implizit einem psychophysischen Parallelismus, also einem etwas schwächeren Zusammenhang zwischen Geist und Gehirn zuzuneigen scheint, gleichwohl, dass „*alle komplexen psychischen Akte, wie*

Gedanken und Sprache, Urteile, Gefühle, Handlungskonzepte, Fantasien und Träume ein eigenes Reich bilden. Wie im Falle der Digitalisierung werden sie in eine bisher nicht entzifferte Organsprache des Gehirns umgewandelt. Sie werden in dessen Physiologie und Anatomie eingeschrieben und hier dem Biologischen aufgedrängt. Damit ist das Hirn primär überhaupt nicht Herr, sondern Organisator und Vermittler psychischer Vorgänge, nicht umwerfend viel selbstherrlicher als ein Radioapparat. Es ersinnt – um eine Metapher Freuds zu variieren – nicht das Gedicht, es erzeugt nur das Alphabet, das in jenem verwendet wird" (Leuschner 2007, S. 1109).

Allerdings sind sich die Psychoanalytiker in dieser Frage nicht einig. So nehmen Solms und Turnbull (2004) wiederum gegenüber dem Leib-Seele-Problem eine monistische Position ein, wenngleich dieser eine *Stoff,* aus dem wir bestehen, auf 2 unterschiedliche Weisen wahrgenommen wird (Doppelaspekt-Monismus). Solms und Turnbull geben damit zu erkennen, dass sie die dualistischen Positionen des Parallelismus und insbesondere der Wechselwirkung ablehnen; mit der Konsequenz, dass Solms und Turnbull, auch wenn sie über das Konzept des Doppelaspekt-Monismus der Psyche ein eigenes Reich zuweisen, im Zweifel den neurowissenschaftlichen Erkenntnissen den Vorrang geben werden.

Wie auch immer dieses Problem eines Tages entschieden wird, falls dies überhaupt möglich ist, so scheint, wie Popper gezeigt hat, das Modell der Wechselwirkung für den klinischen und nicht klinischen Alltag doch die größte Überzeugungskraft zu besitzen.

12 LITERATUR

Abraham, K. (1962): Gesammelte Schriften in zwei Bänden. Band 2. – Fischer Taschenbuch Verlag. 1982.

Altmann, L. (2002): Praxis der Traumdeutung. Psychosozial-Verlag.

Auchter, T. und Strauss, L. V. (1999): Kleines Wörterbuch der Psychoanalyse. Vandenhoeck & Ruprecht.

Berg De, H. (2005): Freuds Psychoanalyse in der Literatur- und Kulturwissenschaft. UTB.

Bergmann, M. S. (1994): Eine Geschichte der Liebe. S. Fischer.

Bibing, E. (1953): Das Problem der Depression. Psyche 6, 81–101.

Blass, R. B. und Carmeli, Z. (2007): The case against neuropsychonalysis: On fallacies underlying psychoanalysis, latest scientific trend and its negative impact on psychoanalytic discourse. Int. Journal of Psychoanal. 98, 19–40.

Brenner, C. (1982): Elemente des seelischen Konflikts. Theorie und Praxis der modernen Psychoanalyse. Fischer Taschenbuch Verlag. 1994.

Brenner, C. (1991): A psychoanalytic perspective on depression. A. Amer. Psychoanal. Assn., 39–26.

Caper, Robert (1999): A mind of one's own. Routledge.

Caper, Robert (2000): Seelische Wirklichkeit. Von Freud zu Melanie Klein. Klett-Cotta.

Decher, F. (2005): Das gelbe Monster. Zu Klampen Verlag.

Frank, Claudia und Weiß, Heinz (Hg.) (2002): Kleinianische Theorie in klinischer Praxis. Schriften von Elizabeth Bott Spillius. Klett-Cotta.

Frank, Claudia und Weiß, Heinz (Hg.) (2007): Projektive Identifizierung. Klett-Cotta.

Freud, A. (1936): Das Ich und die Abwehrmechanismen. Kindler Verlag GmbH. 1973.
Freud, A. mit Sandler, J. (1989): Die Analyse der Abwehr. Klett-Cotta.
Freud, S. (1900): Die Traumdeutung. GW 2/3.
Freud, S. (1902): Zur Psychopathologie des Alltaglebens. GW 4.
Freud, S. (1905): Drei Abhandlungen zur Sexualtheorie. GW 5, S. 33–145.
Freud, S. (1907): Der Wahn und die Träume in W. Jensens Gradiva. GW 7, S. 29–126.
Freud, S. (1910): Eine Kindheitserinnerung des Leonardo da Vinci. GW 8, S. 127–212.
Freud, S. (1910): Über wilde Psychoanalyse. GW 8, 117–127.
Freud, S. (1913): Totem und Tabu. GW 9.
Freud, S. (1913): Das Motiv der Kästchenwahl. GW 10, S. 23–38.
Freud, S. (1914): Der Moses des Michelangelo. GW 10, S. 171–202.
Freud, S. (1914): Zur Einführung des Narzissmus. GW 10, S. 137–170.
Freud, S. (1915): Das Unbewusste. GW 10, S. 264–303.
Freud, S. (1916): Vorlesungen zur Einführung in die Psychoanalyse. GW 11.
Freud, S. (1917): Trauer und Melancholie. GW 10, S. 428–446.
Freud, S. (1921): Massenpsychologie und Ich-Analyse. GW 13, S. 71–162.
Freud, S. (1923): Das Ich und das Es. GW 13, S. 237–289.
Freud, S. (1926): Hemmung, Symptom und Angst. GW 14, S. 111–205.
Freud, S. (1927): Die Zukunft einer Illusion. GW 14, S. 323–380.
Freud, S. (1928): Dostojewski und die Vatertötung. GW 14, S. 397–418.
Freud, S. (1939): Das Unbehagen in der Kultur. GW 14, S. 419–506.
Freud, S. (1933): Warum Krieg? GW 16, S. 11–28.
Freud, S. (1933): Neue Vorlesungen zur Einführung in die Psychoanalyse. GW 15.
Freud, S. (1935): Nachschrift 1935 zur Selbstdarstellung. GW 16, S. 29–34.

Freud, S. (1938): Abriss der Psychoanalyse. GW 17, S. 63–138.
Freud, S. (1939): Der Mann Moses und die monotheistische Religion. GW 16, S. 101–248.
Hasler, F. (2012): Neuromythologie – Eine Streitschrift gegen die Deutungsmacht der Hirnforschung. transcript Verlag.
Hinshelwood, R. D. (1989): Wörterbuch der kleinianischen Psychoanalyse.
Verlag Internationale Psychoanalyse. 1993.
Joffe, W. G. und Sandler, J. (1965): Pain, depression, and individuation.
In: Sandler, J.: From safety to superego. Selected papers of Joseph Sandler.
Karnac Books. 1989.
Joffe, W. G. und Sandler, J. (1967): Über einige Probleme im Zusammenhang mit dem Studium narzisstischer Störungen. Psyche 21, 152–165. 1967.
Jones, E. (1929): Die Eifersucht. In: Jones, E. (1987): Die Theorie der Symbolik und andere Aufsätze. Athenäum Verlag. Frankfurt.
Jongbloed-Schurig, U. (Hg.) (2006): Ich esse deine Suppe nicht. Brandes & Apsel.
Joseph, B. (1994): Psychisches Gleichgewicht und psychische Veränderung. Klett-Cotta.
Kant, I. (1923): Gesammelte Schriften. Band 8. S. 15–31. Berlin.
Kernberg, O. F. (1997): Wut und Hass. Klett-Cotta.
Kernberg, O. F. (1992): Objektbeziehungen und Praxis der Psychoanalyse. Klett-Cotta.
Kernberg, O. F. (2006): Narzißmus, Aggression und Selbstzerstörung. Klett-Cotta.
Klein, M. (1935): Zur Psychogenese der manisch-depressiven Zustände.
In: Klein, M.: Das Seelenleben des Kleinkindes. Klett-Cotta. 1994.
Klein, M. (1940): Die Trauer und ihre Beziehung zu manisch-depressiven Zuständen.
In: Klein, M.: Das Seelenleben des Kleinkindes. Klett-Cotta. 1994.

Klein, M. (1994): Das Seelenleben des Kleinkindes. Klett-Cotta.
Kutter, P. und Müller, T. (2008): Psychoanalyse. Klett-Cotta.
Laplanche, J. und Pontalis, J.-B. (1967): Das Vokabular der Psychoanalyse. Suhrkamp Taschenbuch. 1973.
Leuschner, W. (1997): Über Neuromythologie. Psyche 51, 1104–1113.
Mentzos, S. (1984): Neurotische Konfliktverarbeitung. Fischer Taschenbuch Verlag.
Mertens, W. (2009): Traum und Traumdeutung. Verlag C. H. Beck.
Monaco, J. (2000): Film verstehen. Rowohlt Taschenbuch Verlag.
Popper, K. R. (2002): Alles Leben ist Problemlösen. Piper.
Popper, K. R. und Eccles, J. C. (2002a): Das Ich und sein Gehirn. Piper.
Reiche, R. (2004): Gender ohne Sex. In: Reiche, R.: Triebschicksal der Gesellschaft. Institut für Sozialforschung. Band 5. Campus Verlag GmbH.
Rink, A. (2021): Zur Bedeutung der Philosophie Karl Raimund Poppers für die Psychoanalyse. Aufklärung und Kritik. Heft 2/2021.
Sandler, J. (1960): Sicherheitsgefühl und Wahrnehmungsvorgang. Psyche 15, 124–131. 1961.
Sandler, J. (1976): Gegenübertragung und die Bereitschaft zur Rollenübernahme. Psyche 30, 297–305.
Sandler, J. (1987): From safety to superego. Selected papers of Joseph Sandler. Karnac Books.
Sandler, J. (1989): Das Es – oder das innere Kind? In: Sandler, J. (Hg.): Dimensionen der Psychoanalyse. Klett-Cotta. 1994.
Sandler, J. (1993): On communication from patient to analyst: not everything is projective identification. Int. J. Psycho-Anal., 74, 1097–1107.

Sandler, J. (2003): Überlegungen zu den Beziehungen zwischen psychoanalytischen Grundbegriffen und psychoanalytischer Praxis. In: Sandler, A.-M./Davies, R. (Hg.): Psychoanalyse in Großbritannien. Psychoanalytische Blätter. Band 22. Vandenhoeck & Ruprecht.

Sandler, J. und Joffe, W. G. (1969): Auf dem Weg zu einem Grundmodell der Psychoanalyse. Psyche 23, 461–480.

Sandler, J. und Rosenblatt, B. (1984): Der Begriff der Vorstellungswelt. Psyche 38, 235–253.

Sandler, J. und Sandler, A.-M. (1988): Das frühere Unbewußte, das gegenwärtige Unbewußte und die Schicksale der Schuld. In: Kutter, P., Paramo-Ortega, R., Zimmermann, P. (Hg.): Die psychoanalytische Grundhaltung. Verlag Internationale Psychoanalyse. 1993.

Sandler, J. und Sandler, A.-M. (1999): Innere Objektbeziehungen. Klett-Cotta.

Sandler, J., Holder, A., Dare, C. und Dreher, U. (2003): Freuds Modelle der Seele. Psychosozial-Verlag. Gießen.

Schoeck, H. (1980): Der Neid. Die Urgeschichte des Bösen. Herbig Verlagsbuchhandlung.

Segal, H. (1974): Melanie Klein. Eine Einführung in ihr Werk. Edition diskord. 2003.

Segal, H. (1992): Wahnvorstellungen und künstlerische Kreativität. Klett-Cotta.

Segal, H. (1996): Traum, Phantasie und Kunst. Klett-Cotta.

Solms, M. und Turnbull, O. (2004): Das Gehirn und die innere Welt. Walter.

Steiner, J. (1998): Orte des seelischen Rückzugs. Klett-Cotta.

Stoller, R. J. (1998): Perversion. Die erotische Form von Hass. Psychosozial-Verlag.

Tyson, P. und Tyson, R. L. (1990): Lehrbuch der psychoanalytischen Entwicklungspsychologie. Kohlhammer. 1997.

Wallerstein, R. S. (1988): Eine Psychoanalyse – oder viele? Zeitschrift für psychoanalytische Theorie und Praxis, 4.

novum VERLAG FÜR NEUAUTOREN

Bewerten Sie dieses Buch auf unserer Homepage!

www.novumverlag.com

Der Autor

Alfred Rink, Jahrgang 1949, wurde in Kreuztal/Nordrhein-Westfalen geboren. Er ist Psychoanalytiker der Deutschen Psychoanalytischen Vereinigung (DPV) und Mitglied der Internationalen Psychoanalytischen Vereinigung (IPA) sowie der Deutschen Gesellschaft für Psychoanalyse, Psychotherapie, Psychosomatik und Tiefenpsychologie (DGPT). Alfred Rink war in seiner eigenen psychoanalytischen Praxis tätig und arbeitete als Dozent der Psychoanalytischen Arbeitsgemeinschaft Köln-Düsseldorf, einem Aus- und Weiterbildungsinstitut der DPV. Die beruflichen Interessen des Autors gelten im Besonderen der Erkenntnistheorie, dem Leib-Seele-Problem sowie der psychoanalytischen Filminterpretation. Bisher veröffentlichte er Fachartikel. Alfred Rink lebt mittlerweile wieder in seiner Heimatstadt, ist verheiratet und Vater zweier Kinder und Großvater von fünf Enkelkindern.

novum VERLAG FÜR NEUAUTOREN

Der Verlag

Wer aufhört besser zu werden, hat aufgehört gut zu sein!

Basierend auf diesem Motto ist es dem novum Verlag ein Anliegen, neue Manuskripte aufzuspüren, zu veröffentlichen und deren Autoren langfristig zu fördern. Mittlerweile gilt der 1997 gegründete und mehrfach prämierte Verlag als Spezialist für Neuautoren in Deutschland, Österreich und der Schweiz.

Für jedes neue Manuskript wird innerhalb weniger Wochen eine kostenfreie, unverbindliche Lektorats-Prüfung erstellt.

Weitere Informationen zum Verlag und seinen Büchern finden Sie im Internet unter:

w w w . n o v u m v e r l a g . c o m